金陵全書

丁編・文獻類

佛國記

（晋）法顯 撰

弘明集（一）

（南朝梁）僧祐 輯

南京出版社
南京出版傳媒集團

圖書在版編目（CIP）數據

佛國記 / (晋) 法顯撰. 弘明集 / (南朝梁) 僧祐輯
. -- 南京 : 南京出版社, 2021.4
（金陵全書）
ISBN 978-7-5533-3196-6

Ⅰ. ①佛… ②弘… Ⅱ. ①法… ②僧… Ⅲ. ①法顯 - 生平事迹②西域 - 歷史地理 - 東晋時代③佛教史 - 中國 - 古代 Ⅳ. ①B949②K935.06

中國版本圖書館CIP數據核字（2021）第037883號

書　名　【金陵全書】（丁編・文獻類）
　　　　佛國記・弘明集
作　者　（晋）法顯　（南朝梁）僧祐
出版發行　南京出版傳媒集團
　　　　南京出版社
　　　　社址：南京市太平門街53號　郵編：210016
　　　　網址：http://www.njcbs.cn　電子信箱：njcbs1988@163.com
　　　　聯系電話：025-83283893、83283864（營銷）　025-83112257（編務）

出版人　項曉寧
出品人　盧海鳴
責任編輯　嚴行健
裝幀設計　楊曉崗
責任印製　楊福彬

製　版　南京新華豐製版有限公司
印　刷　南京凱德印刷有限公司
開　本　889毫米×1194毫米　1/16
印　張　51
版　次　2021年4月第1版
印　次　2021年4月第1次印刷
書　號　ISBN　978-7-5533-3196-6
定　價　1200.00元（全二册）

南京出版社
圖書專營店

總序

南京，古稱金陵，中國著名的四大古都之一，是國務院首批公佈的國家歷史文化名城。

南京有着六十萬年的人類活動史，近二千五百年的建城史，約四百五十年的建都史，享有『六朝古都』『十朝都會』的美譽。南京歷史的興衰起伏在某種程度上可以説是中國歷史的一個縮影。在中華民族光輝燦爛的歷史長河中，古聖先賢在南京創造了舉世矚目、富有特色的六朝文化、南唐文化、明文化和民國文化，爲中華民族文化的傳承和發展做出了不朽貢獻。然而，由於時代的遞遷、戰争的破壞以及自然的損毁等原因，歷史上南京的輝煌成就以物質文化形態留存下來的相對較少，見諸文獻典籍的則相對較多。南京文獻内涵廣博，卷帙浩繁，版本複雜。截至一九四九年中華人民共和國成立，南京文獻留存下來的有近萬種，在全國歷史文化名城中名列前茅。以六朝《世説新語》《文心雕龍》《昭明文選》，唐朝《建康實録》，宋朝《景定建康志》《六朝事迹編類》，元朝《至正金陵新志》，明朝《洪武京城圖志》《金陵古今圖考》《客座贅語》，清朝《康熙江寧府志》《白下瑣言》，民國《首都計劃》《首都志》《金陵古蹟圖考》等爲代表的南京地方文獻，不僅是南京文化的集中體現，也是中華民族優秀傳統文化的重要組成部分。這些南京文獻，積澱貯存了歷代南京人民的經驗和智慧，翔實地反映了南京地區的社會變遷，是研究南京乃至全國政治、經濟、軍事、文化、外交和民風民俗的重要資料。

歷史上的南京文化輝煌燦爛，各類圖書典籍琳琅滿目。迄今爲止，南京文獻曾經有過三次不同程度的整理。

第一次是距今六百多年前的明朝永樂年間，明朝中央政府在南京組織整理出版了《永樂大典》。《永樂大典》正文二萬二千八百七十七卷，凡例和目録六十卷，分裝成一萬一千零九十五册，總字數約三億七千萬字。書中保存了中國上自先秦、下迄明初的各種典籍資料達七八千種，是中國古代最大的類書。

第二次是民國年間，南京通志館編印了一套《南京文獻》。《南京文獻》每月一期，從一九四七年元月至一九四九年二月共刊行了二十六期，收入南京地方文獻六十七種，包括元明清到民國各個時期的著作，其中收録的部分民國文獻今天已經成爲絶版。

第三次是二〇〇六年以來，南京出版社選取部分南京珍貴文獻，整理出版了一套《南京稀見文獻叢刊》點校本，到二〇二〇年，已經出版了六十九册一百零五種，時代上起六朝，下迄民國，在學術普及方面做出了一定的貢獻。

中華人民共和國成立以來，尤其是改革開放以來，南京的政治、經濟、文化建設飛速發展，但南京文獻的全面系統整理出版工作一直没有得到應有的重視，這與南京這座國家歷史文化名城的地位頗不相稱。據調查，目前有關南京的各類文獻主要保存在南京圖書館、南京市檔案館，以及全國各地的高等院校、科研院所、圖書館、檔案館、博物館，少數流散於民間和國外。一方面，廣大讀者要查閲這些收藏在全國各地的南京文獻殊爲不便；另一方面，許多珍貴的南京文獻隨着歲月的流逝而瀕臨損毀和失傳。南京文獻的存史、資治、教化、育人功能没有得到應有的發揮。

盛世修史（志）。在中華民族和平崛起和大力弘揚民族傳統文化、全力發展民族文化事業的大背景下，在建設『文化南京』的發展思路下，中共南京市委、南京市人民政府於二〇〇九年十二月做出決定，將南京有史以來的地方文獻進行全面系統的匯集、整理和影印出版，輯爲《金陵全書》（以下簡稱《全書》），以更好地搶救和保護鄉邦文獻，傳承民族文化，推動學術研究，促進南京文化建設；同時，也更爲有効地增加南京文獻存世途徑，提昇南京文獻地位，凸顯南京文獻價值。

爲編纂出能够代表當代最高學術水平和科技成就，又經得起時間檢驗的《全書》，我們將編纂工作分成三個階段進行。第一個階段爲調研階段，主要對南京現存文獻的種類、數量、保存現狀以及收藏地點等進行深入細緻的調研，召集專家學者多次進行學術論證和可操作性論證，撰寫出可行性調查報告，爲科學決策提供依據，此項工作主要由中共南京市委宣傳部和南京出版社組織完成。第二個階段爲啓動階段，以二〇〇九年十二月二十四日召開的『《金陵全書》編纂啓動工作會』爲標志，市委主要領導親自到會動員講話，市委宣傳部對《全書》的編纂出版工作作了明確部署。在廣泛徵求專家學者意見的基礎上，確定了《全書》的總體框架設計，確定了將《全書》列爲市委宣傳部每年要實施的重大文化工程，確定了主要參編責任單位和責任人，並分解了任務。第三個階段爲編纂出版階段，主要在全國範圍内進行資料的徵集、遴選和圖書的版式設計、複製、排版及印製工作。

爲了確保《全書》編纂出版工作的順利進行，中共南京市委、南京市人民政府成立了專門的編纂出版組織機構。其中編輯工作領導小組，由中共南京市委、市政府領導以及相關成員單位主要負責人組成；《全書》的編纂出版工作由市委宣傳部總牽頭；學術指導委員會，由蔣贊初、茅家琦、梁白泉等一批全國著名的專家學者組成，負責《全書》的學術審核和把關。

《全書》分爲方志、史料、檔案和文獻四大類。自二〇一〇年起，計劃每年出版四十册左右。鑒於《全書》的整理出版工作難度較大，周期較長，在具體操作中，我們採取了分工協作的方式。市委宣傳部和南京出版社負責《全書》的總體策劃，其中方志部分，主要由南京市地方志編纂委員會辦公室和南京出版傳媒集團·南京出版社共同承擔；史料和文獻部分，主要由南京圖書館承擔；檔案部分，主要由南京市檔案局（館）承擔。《全書》的編輯出版，得到了江蘇省文化廳、江蘇省新聞出版局、江蘇省檔案局（館）、南京大學、南京圖書館、南京市文廣新局、南京市社科聯（社科院）、南京市文聯、金陵圖書館以及各區委宣傳部和地方志辦公室等單位及社會各界的熱情鼓勵和大力支持，尤其是得到了中國國家圖書館和全國各地（包括港臺地區）高等院校、科研院所、圖書館、檔案館、博物館等藏書單位的鼎力相助，在此表示深深的謝意！

我們相信，在中共南京市委、南京市人民政府的長期不懈支持下，在各部門、各單位的積極配合和衆多專家學者的共同努力下，這項功在當代、利在千秋的傳世工程一定能够圓滿完成。

《金陵全書》編輯出版委員會

凡例

一、《金陵全書》（以下簡稱《全書》）收録的南京文獻，分爲方志、史料、檔案和文獻四大類。

二、《全書》按上述四大類分爲甲、乙、丙、丁四編，以不同的封面顔色加以區分；每編酌分細類，原則上以成書時代爲序分爲若幹册，依次編列序號。

三、《全書》收録南京文獻的地域範圍，包括了清代江寧府所轄上元、江寧、句容、溧水、高淳、江浦、六合。

四、《全書》收録的南京文獻，其成書年代的下限爲一九四九年。

五、《全書》收録方志、史料和文獻，盡量選用善本爲底本。《全書》收録的檔案以學術價值和實用價值較高爲原則，一般選用延續時間較長、相對比較完整的檔案全宗。

六、《全書》收録的南京文獻底本如有殘缺、漫漶不清等情況，必要時予以配補、抽換或修描，以保證全書完整清晰；稿本、鈔本、批校本的修改、批注文字等均保留原貌。

七、《全書》收録的南京文獻，每種均撰寫提要，置於該文獻前，以便讀者了解其作者生平、主要内容、學術文化價值、編纂過程、版本源流、底本採用等情況。

八、《全書》所收文獻篇幅較大時，分爲序號相連的若幹册；篇幅較小的文獻，則將數種合編爲一册。

九、《全書》統一版式設計，大部分文獻原大影印；對於少數原版面過大或過小的文獻，適當進行縮小或放大處理，並加以説明。

十、《全書》各册除保留文獻原有頁碼外，均新編頁碼，每册頁碼自爲起訖。

總目録

金陵全書

丁編·文獻類

佛國記

（晋）法顯 撰

南京出版社
南京出版傳媒集團

提要

《佛國記》一卷，晋法顯撰。

法顯，生卒年不詳，本姓龔，平陽（今山西襄垣）人。因前有三位兄長早夭，父母在他三歲時將他送到寺院度爲沙彌，以求消灾保命。二十歲受具足戒，成爲一名真正的僧人。因常『慨律藏殘缺』，法顯於東晋隆安三年（三九九）與慧景、道整等人從長安出發，西行求法，渡流沙，越葱嶺，四年後到達印度。他在印度逗留前後八年，歷北、西、中、東天竺等地。東晋義熙五年（四〇九），法顯到達師子國（今斯里蘭卡），在此停住兩年。義熙七年，法顯帶着在天竺和師子國求取到的經律梵本和佛像等，搭乘商船沿海道東返，經耶婆提（今蘇門答臘島），最終於義熙八年在青州長廣郡牢山（今青島嶗山）登岸，第二年到達當時東晋首都建康（今江蘇南京）。在建康，法顯完成《佛國記》。後來法顯離開了建康到荆州辛寺，并終老於此。法顯事迹見於僧祐《出三藏記集》、寶唱《名僧傳》（已殘佚）、慧皎《高僧傳》、智昇《開元釋教録》等。

《佛國記》初稿完成於義熙十年，當時法顯身處廬山，應諸賢詢問佛國威儀教化、地理風俗而作。義熙十二年冬，法顯在建康道場寺與佛陀跋陀羅共譯《摩訶僧祇律》之際，僧侣請他重述游歷天竺的詳細經過，法顯又對書稿做了詳細補充，寫成現今所見的定本。在《佛國記》中，法顯叙述了自己和同伴一起經陸路到達天竺的經過，以及在同行者或中途返回、或亡故於天竺、或留住天竺不歸時，獨自一人從海路歸返的全部經歷。從時間上看，《佛國記》記述了法顯從隆安三年在長安出發到義熙八年在牢山登陸，前後長達十三年的經歷。從地域上看，《佛國記》記録了中亞、南亞以及東南亞地區三十餘國的政治、宗教、地理、經濟狀況以及風俗習慣等重要信息。

《佛國記》作爲法顯對自己這一歷時十三年的長途艱巨旅行的記録，是中國古代以親身經歷介紹印度和斯里蘭卡等國情況的第一部旅行記，對於後來去印度求法的人起到了很大的指導作用。同時，《佛國記》對西域、天竺情况的真實記録，已經成爲人們研究五世紀之前印度歷史最爲可信的材料，《佛國記》的這一價值，早已成爲歷史學界的共識。《佛國記》爲我們瞭解古代西域、印度與中國的交通往來提供了第一手資料，同時它與玄奘的《大唐西域記》、義净的《南海寄歸内法傳》一起，已經成爲近代以來西域、印度考古發掘最重要的綫索。另外，《佛國記》作爲中國古代游記文學的重要成果，也具有極高的文學價值。哈佛大學田曉菲教授評價道，《佛國記》不是一個對所經地點進行羅列的單子，而是一個有始有終、中間包含了戲劇性轉折點的完整叙事，甚至『幾乎可以被視爲現代長篇小説的遥遠濫觴』。《佛國記》後有一段跋文頌揚法顯云：『於是感嘆斯人，以爲古今罕有。自大教東流，未有忘身求法如顯之比！』向來爲史家所稱引。

《佛國記》又名《法顯傳》《法顯行傳》《歷游天竺記傳》《三十國記》等。《法顯傳》《法顯行傳》二題，北魏酈道元《水經注》即有使用，稍後《隋書·經籍志》沿用。北宋以降刊刻《大藏經》多作《法顯傳》一卷，高麗藏本作《高僧法顯傳》一卷，後來日本《大正新修大藏經》依高麗藏本，取《高僧法顯傳》爲題。《佛國記》之題，最早見於《隋書·經籍志》『史部·地理類』。相對於北宋以降教内刊刻取《法顯傳》爲題，明代以下文人刊刻叢書，如《秘册匯函》《津逮秘書》《唐宋叢書》《增訂漢魏叢書》《學津討原》等均作《佛國記》，唯《稗乘》作《三十國記》。一八三六年，法文《佛國記譯注》在封面上列中文『佛國記』及羅馬拼音，《佛國記》之題西傳歐陸。

《金陵全書》收録的《佛國記》以南京圖書館藏《唐宋叢書》本爲底本原大影印出版。

王鶴琴

佛國記

晉 釋法顯

法顯昔在長安慨律藏殘缺於是遂以弘始二年歲在己亥與慧景道整慧應慧嵬等同契至天竺尋求戒律初發跡長安度隴至乾歸國夏坐夏坐訖前行至耨檀國度養樓山至張掖鎮張掖大亂道路不通張掖王慇懃遂留爲作檀越於是與智嚴慧簡僧紹寶雲僧景等相遇欣於同志便共夏坐夏坐訖復進到燉煌有塞東西可八十里南北四十里共停一月

餘日法顯等五人隨使先發復與寶雲等別燉煌太守李浩供給度沙河沙河中多有惡鬼熱風遇則皆死無一全者上無飛鳥下無走獸遍望極目欲求度處則莫知所擬唯以死人枯骨爲標幟耳行十七日計可千五百里得至鄯善國其地崎嶇薄瘠俗人衣服麤與漢地同但以氈褐爲異其國王奉法可有四千餘僧悉小乘學諸國俗人及沙門盡行天竺法但有精麤從此西行所經諸國類皆如是唯國國胡語不同然出家人皆習天竺書天竺語住此一月日復

西北行十五日到偽夷國偽夷國僧亦有四千餘人皆小乘學法則齊整秦土沙門至彼都不預其僧例法顯得符行堂公孫經理住二月餘日於是還與寶雲等共爲偽夷國人不修禮義遇客甚薄智嚴慧簡慧嵬遂返向高昌欲求行資法顯等蒙符公孫供給遂得直進西南行路中無居民涉行艱難所經之苦人理莫比在道一月五日得到于闐其國豐樂人民殷盛盡皆奉法以法樂相娛衆僧乃數萬人多大乘學皆有衆食彼國人民星居家家門前皆起小塔最

小者可高二丈許作四方僧房供給客僧及餘所須
國主安堵法顯等於僧伽藍僧伽藍名瞿摩帝是大
乘寺三千僧共犍槌食入食堂時威儀齊肅次第而
坐一切寂然器鉢無聲淨人益食不得相喚但以手
指麾慧景道整慧達先發向竭叉國法顯等欲觀行
像停三月日其國中十四大僧伽藍不數小者從四
月一日城裏便掃灑道路莊嚴巷陌其城門上張大
幃幕事事嚴飾王及夫人采女皆住其中瞿摩帝僧
是大乘學王所敬重最先行像離城三四里作四輪

像車高三丈餘狀如行殿七寶莊校懸繒幡蓋像立車中二菩薩侍作諸天侍從皆金銀彫瑩懸於虛空像去門百步王脫天冠易著新衣徒跣持華香翼從出城迎像頭面禮足散華燒香像入城時門樓上夫人釆女摇散衆華紛紛而下如是莊嚴供具車車各異一僧伽藍則一日行像四月一日爲始至十四日行像乃訖行像訖王及夫人乃還宮耳其城西七八里有僧伽藍名王新寺作來八十年經三王方成可高二十五丈彫文刻鏤金銀覆上衆寶合成塔後作

佛堂莊嚴妙好梁柱戶扇窻牖皆以金薄別作僧房
亦嚴麗整飾非言可盡嶺東六國諸王所有上價寶
物多作供養人用者少既過四月行像僧紹一人隨
胡道人向罽賓法顯等進向子合國在道二十五日
便到其國國王精進有千餘僧多大乘學住此十五
日已於是南行四日入葱嶺山到於麾國安居安居
已止行二十五日到竭叉國與慧景等合值其國王
作般遮越師般遮越師漢言五年大會也會時請四
方沙門皆來雲集已莊嚴衆僧坐處懸繒旛蓋作金

銀蓮華著繒座後鋪淨坐具王及羣臣如法供養或一月二月或三月多在春時王作會已復勸諸羣臣設供供養或一日二日三日五日供養都畢王以所乘馬鞍勒自副使國中貴重臣騎之并諸白氎種種珍寶沙門所須之物共諸羣臣發願布施布施已還從僧贖其地山寒不生餘穀唯熟麥耳衆僧受歲已其晨輒霜故其王每讚衆僧令麥熟然後受歲其國中有佛唾壺以石作色似佛鉢又有佛一齒國人爲佛齒起塔有千餘僧盡小乘學自山以東俗人被服

麤類秦土亦以氈褐爲異沙門法用轉轉勝不可具
記其國當葱嶺之中自葱嶺已前草木果實皆異唯
竹及安石榴甘蔗三物與漢地同耳從此西行向北
天竺在道一月得度葱嶺葱嶺冬夏有雪又有毒龍
若失其意則吐毒風雨雪飛沙礫石遇此難者萬無
一全彼土人人卽名爲雪山人也度嶺已到北天竺
始入其境有一小國名陀歷亦有衆僧皆小乘學其
國昔有羅漢以神足力將一巧匠上兜術天觀彌勒
菩薩長短色貌還下刻木作像前後三上觀然後乃

成像長八丈足趺八尺齋日常有光明諸國王競興
供養今故現在於此順嶺西南行十五日其道艱阻
崖岸險絕其山唯石壁立千仞臨之目眩欲進則投
足無所下有水名新頭河昔人有鑿石通路施傍梯
者凡度七百度梯已躡懸絙過河河兩岸相去減八
十步九譯所記漢之張騫甘英皆不至衆僧問法顯
佛法東過其始可知耶顯云訪問彼土人皆云古老
相傳自立彌勒菩薩像後便有天竺沙門賫經律過
此河者像立在佛泥洹後三百許年計於周氏平王

時由茲而言大教宣流始自此像非夫彌勒大士繼軌釋迦熟能令三寶宣通邊人識法固知冥運之開本非人事則漢明之夢有由而然矣渡河便到烏萇國烏萇國是正北天竺也盡作中天竺語中天竺所謂中國俗人衣服飲食亦與中國同佛法甚盛名衆僧住止處爲僧伽藍凡有五百僧伽藍皆小乘學若有客比丘到悉供養三日三日過已乃令自求所安常傳言佛至北天竺即到此國已佛遺足跡於此跡或長或短在人心念至今猶爾及曬衣石度惡龍處

亦悉現在石高丈四闊二丈許一邊平慧景道整慧達三人先發向佛影那竭國法顯等住此國夏坐坐訖南下到宿呵多國其國佛法亦盛昔天帝釋試菩薩化作鷹鴿割肉貿鴿處佛即成道與諸弟子遊行語云此本是吾割肉貿鴿處國人由是得知於此處起塔金銀校飾從此東下五日行到揵陀衛國是阿育王子法益所治處佛爲菩薩是亦於此國以眼施人其處亦起大塔金銀校飾此國人多小乘學自此東行七日有國名竺刹尸羅竺刹尸羅漢言截頭也

佛爲菩薩時於此處以頭施人故因以爲名復東行
二日至投身餧餓虎處此二處亦起大塔皆衆寶校
飾諸國王臣民競興供養散華然燈相繼不絶通上
二塔彼方人亦名爲四大塔也從犍陀衛國南行四
日到弗樓沙國佛昔將諸弟子遊行此國語阿難云
吾般泥洹後當有國王名罽膩伽於此處起塔後膩
伽王出世出行遊觀時天帝釋欲開發其意化作牧
牛小兒當道起塔王問言汝作何等答曰作佛塔王
言大善於是王即於小兒塔上起塔高四十餘丈衆

寶校飾凡所經見塔廟壯麗威嚴都無此比傳云閻浮提塔唯此爲上王作塔成已小塔即自傍出大塔南高三尺許佛鉢即在此國昔月氏王大興兵衆來伐此國欲取佛鉢既伏此國已月氏王篤信佛法欲持鉢去故興供養供養三寶畢乃校飾大象置鉢其上象便伏地不能得前更作四輪車載鉢八象共牽復不能進王知與鉢緣未至深自愧歎即於此處起塔及僧伽藍并留鎮守種種供養可有七百餘僧日將中衆僧則出鉢與白衣等種種供養然後中食至

暮燒香時復爾可容二斗許雜色而黑多四際分明厚可二分瑩徹光澤貧人以少華投中便滿有大富者欲以多華而供養正復百千萬斛終不能滿寶雲僧景只供養佛鉢便還慧景慧達道整先向那竭國供養佛影佛齒及頂骨慧景病道整住看慧達一人還於弗樓沙國相見而慧達寶雲僧景遂還秦土慧景應在佛鉢寺無常由是法顯獨進向佛頂骨所西行十六由延便至那竭國界醯羅城中有佛頂骨精舍盡以金薄七寶校飾國王敬重頂骨慮人抄奪乃

取國中豪姓八人人持一印印封守護清晨八人俱到各視其印然後開戶開戶已以香汁洗手出佛頂骨置精舍外高座上以七寶圓碪碪下琉璃鍾覆上皆珠璣校飾骨黃白色方圓四寸其上隆起每日出後精舍人則登高樓擊大鼓吹螺敲銅鈸王聞已則詣精舍以華香供養供養已次第頂戴而去從東門入西門出王朝朝如是供養禮拜然後聽國政居士長者亦先供養乃修家事日日如是初無懈惓供養都訖乃還頂骨於精舍中有七寶解脫塔或開或閉

高五尺許以盛之精舍門前朝朝恒有賣華香人凡欲供養者種種買焉諸國王亦恒遣使供養精舍處方四十步雖復天震地裂此處不動從此北行一由延到那竭國城是菩薩本以銀錢貿五莖華供養定光佛處城中亦有佛齒塔供養如頂骨法城東北一由延到一谷口有佛錫杖亦起精舍供養杖以牛頭栴檀作長丈六七許以木筒盛之正復百千人舉不能移入谷口四日西行有佛僧伽梨精舍供養彼國土亢旱府國人相率出衣禮拜供養天即大雨那竭

城南半由延有石室博山西南向佛留影此中去十餘步觀之如佛真形金色相好光明炳著轉近轉微髣髴如有諸方國王遣工畫師模寫莫能及彼國人傳云千佛盡當於此留影影西百步許佛在時剃髮翦爪佛自與諸弟子共造塔高七八丈以爲將來塔法今猶在邊有寺寺中有七百餘僧此處有諸羅漢辟支佛塔乃千數住此冬三月法顯等三人南度小雲山雪山冬夏積雪山北陰中過寒暴起人皆噤戰慧景一人不堪復進口出白沫語法顯云我亦不復

活便可時去勿得俱死於是遂終法顯撫之悲號本圖不果命也奈何復自力前得過嶺南到羅夷國近有三千僧兼大小乘學住此夏坐坐訖南下行十日到跋那國亦有三千許僧皆小乘學從此東行三日復渡新頭河兩岸皆平地過河有國名毗荼佛法興盛兼大小乘學見秦道人往乃大憐愍作是言如何邊地人能知出家爲道遠求佛法悉供給所須待之如法從此東南行減八十由延經歷諸寺甚多僧衆萬數過是諸處已到一國國名摩頭羅又經捕那河

河邊左右有二十僧伽藍可有三千僧佛法轉盛凡沙河已西天竺諸國國王皆篤信佛法供養衆僧時則脫天冠共諸宗親羣臣手自行食行食已鋪氈於地對上座前坐於衆僧前不敢坐床佛在世時諸王供養法式相傳至今從是以南名爲中國中國寒暑調和無霜雪人民殷樂無戶籍官法唯耕王地者乃輸地利欲去便去欲住便住王治不用刑罔有罪者但罰其錢隨事輕重雖復謀爲惡逆不過截右手而已王之侍衛左右皆有供祿舉國人民悉不殺生不

飲酒不食葱蒜唯除旃荼羅旃荼羅名爲惡人與人
別居若入城市則擊木以自異人則識而避之不相
搪揬國中不養豬雞不賣生口市無屠行及酤酒者
貨易則用貝齒唯旃荼羅獵師賣肉耳自佛般泥洹
後諸國王長者居士爲衆僧起精舍供養供給田宅
園圃民戶牛犢鐵券書錄後王王相傳無敢廢者至
今不絶衆僧住止房舍床褥飲食衣服都無缺乏處
處皆爾衆僧常以作功德爲業及誦經坐禪客僧往
到舊僧迎逆代擔衣鉢給洗足水塗足油與非時漿

須臾息已復問其臘數次第得房舍臥具種種如法衆僧住處作舍利佛塔目連阿難塔并阿毗曇律經塔安居後一月諸希福之家勸化供養僧作非時漿衆僧大會說法說法已供養舍利弗塔種種香華通夜然燈使彼人作舍利弗本婆羅門時詣佛求出家大目連大迦葉亦如是諸比丘尼多供養阿難塔以阿難請世尊聽女人出家故諸沙彌多供養羅云阿毗曇師者供養阿毗曇律師者供養律年年一供養各自有日摩訶衍人則供養般若波羅蜜文殊師利

觀世音等衆僧受歲竟長者居士婆羅門等各持種種衣物沙門所須以布施僧衆僧亦自各各布施佛泥洹已來聖衆所行威儀法則相承不絕自渡新頭河至南天竺迄于南海四五萬里皆平坦無大山川正有河水從此東南行十八由延有國名僧伽施佛上忉利天三月爲母說法來下處佛上忉利天以神通力都不使諸弟子知未滿七日乃放神足阿那律以天眼遙見世尊即語尊者大目連汝可往問訊世尊目連即往頭面禮足共相問訊問訊已佛語目連

吾却後七日當下閻浮提目連既還于時八國大王
及諸臣民不見佛久咸皆渴仰雲集此國以待世尊
時優鉢羅比丘尼即自心念今日國王臣民皆當奉
迎佛我是女人何由得先見佛即以神足化作轉輪
聖王最前禮佛佛從忉利天上來向下下時化作三
道寶階佛在中道七寶階上行梵天王亦化作白銀
階在右邊執白拂而侍天帝釋化作紫金階在左邊
執七寶蓋而侍諸天無數從佛下佛既下三階俱沒
於地餘有七級現後阿育王欲知其根際遣人掘看

下至黃泉根猶不盡王益信敬即於階上起精舍當中階作丈六立像精舍後立石柱高三十肘上作師子柱內四邊有佛像內外映徹淨若琉璃有外道論師與沙門諍此住處時沙門理屈於是共立誓言此處若是沙門住處者今當有靈驗作是言已柱頭師子乃大鳴吼見證於是外道懼怖心伏而退佛以受天食三月故身作天香不同世人即便浴身後人於此處起浴室浴室猶在優鉢羅比丘尼初禮佛處今亦起塔佛在世時有翦髮爪作塔及過去三佛并釋

迦文佛坐處經行處及作諸佛形像處盡有塔今悉在天帝釋梵天王從佛下處亦起塔此處僧及尼可有千人皆同衆食雜大小乘學住處一白耳龍與此衆僧作檀越令國内豐熟雨澤以時無諸災害使衆僧得安衆僧感其惠故爲作龍舍敷置坐處又爲龍設福食供養衆僧日日衆中別差三人到龍舍中食每至夏坐訖龍輒化形作一小蛇兩耳邊白衆僧識之銅盂盛酪以龍置中從上座至下座行之似若問訊遍便化去年年一出其國豐饒人民熾盛最樂無

比諸國人來無不經理供給所須寺北五十由延有一寺名火境火境者惡鬼名也佛本化是惡鬼後人於此處起精舍以精舍布施阿羅漢以水灌手水瀝滴地其處故在正復掃除常現不滅此處别有佛塔善鬼神常掃灑初不須人工有邪見國王言汝能如是者我當多將兵衆住此益積糞穢汝復能除不鬼神即起大風吹之令淨此處有百枚小塔人終日數之不能得知若至意欲知者便一塔邊置一人已復計數人人或多或少其不可得知有一僧伽藍可六

七百僧此中有辟支佛食處泥洹地大如車輪餘處生草此處獨不生乃曬衣地處亦不生草衣條著地跡今故現在法顯住龍精舍夏坐坐訖東南行七由延到罽饒夷城城接恒水有二僧伽藍盡小乘學去城西六七里恒水北岸佛爲諸弟子說法處傳云說無常苦說身如泡沫等此處起塔猶在度恒水南行三由延到一林名呵梨佛於此中說法經行坐處盡起塔從此東南行十由延到沙祇大國出沙祇城南門道東佛本在此嚼楊枝刺土中即生長七尺不增

不滅諸外道婆羅門嫉妬或斫或拔遠棄之其處續生如故此中亦有四佛經行坐處起塔故在從此南行八由延到拘薩羅國舍衛城城內人民稀曠都有二百餘家即波斯匿王所治城也大愛道故精舍處須達長者井壁及鴦掘魔得道般泥洹燒身處後人起塔皆在此城中諸外道婆羅門生嫉妬心欲毀壞之天即雷電霹靂終不能得壞出城南門千二百步道西長者須達起精舍精舍東向開門戶兩廂有二石柱左柱上作輪形右柱上作牛形池流清淨林木

尚茂衆華異色蔚然可觀即所謂祇洹精舍也佛上忉利天爲母說法九十日波斯匿王思見佛即刻牛頭栴檀作佛像置佛坐處佛後還入精舍像即避出迎佛佛言還坐吾般泥洹後可爲四部衆作法式像即還坐此像最是衆像之始後人所法者也佛於是移住南邊小精舍與像異處相去二十步祇洹精舍本有七層諸國王人民競興供養懸繒旛蓋散華燒香然燈續明日日不絕鼠銜燈炷燒花旛蓋遂及精舍七重都盡諸國王人民皆大悲惱謂栴檀像已燒

却後四五日開東小精舍戶忽見本像皆大歡喜共治精舍得作兩重遠移像本處法顯道整初到祇洹精舍念昔世尊住此二十五年自傷生在邊夷共諸同志遊歷諸國而或有還者或有無常者今日乃見佛空處愴然心悲彼衆僧出問顯等言汝從何國來答云從漢地來彼衆僧歎曰奇哉邊地之人乃能求法至此自相謂言我等諸師和尚相承已來未見漢道人來到此也精舍西北四里有榛名曰得眼本有五百盲人依精舍住此佛爲說法盡還得眼盲人歡

喜刺杖著地頭面作禮杖遂生長大世人重之無敢
伐者遂成爲榛是故以得眼爲名祇洹衆僧中食後
多往彼榛中坐禪祇洹精舍東北六七里毗舍佉母
作精舍請佛及僧此處故在祇洹精舍大援落有二
門一門東向一門北向此園卽須達長者布金錢買
地處也精舍當中央佛住此處最久說法度人經行
坐處亦盡起塔皆有名字乃孫陀利殺身謗佛處出
祇洹東門北行七十步道西佛昔共九十六種外道
論議國王大臣居士人民皆雲集而聽時外道女名

旃遮摩那起嫉妬心及懷衣著腹前似若妊身於衆
會中謗佛以非法於是天帝釋即化作白鼠齧其腰
帶斷所懷衣墮地地即劈裂生入地獄及調達毒爪
欲害佛生入地獄處後人皆標識之又於論議處起
精舍精舍高六丈許裏有坐佛其道東有外道天寺
名曰影覆與論議處精舍夾道相對亦高六丈許所
以名影覆者日在西時世尊精舍影則映外道天寺
日在東時外道天寺影則北映終不得映佛精舍也
外道常遣人守其天寺掃灑燒香然燈供養至明旦

其燈輒移在佛精舍中婆羅門恚言諸沙門取我燈自供養佛爲爾不止婆羅門於是夜自伺候見其所事天神持燈繞佛精舍三帀供養佛已忽然不見婆羅門乃知佛神大即捨家入道傳云近有此事繞祇洹精舍有九十八僧伽藍盡有僧住處唯一處空此中國有九十六種外道皆知今世各有徒衆亦皆乞食但不持鉢亦復求福於曠路側立福德舍屋宇床卧飲食供給行路人及出家人來去客但所期異耳調達亦有衆在供養過去三佛唯不供養釋迦文佛

舍衛城東南四里瑠璃王欲伐舍夷國世尊當道側
立立處起塔城西五十里到一邑名都維是迦葉佛
本生處父子相見處般泥洹處皆悉起塔迦葉如來
全身舍利亦起大塔從舍衛城東南行十二由延到
一邑名那毗伽是拘樓秦佛所生處父子相見處般
泥洹處亦有僧伽藍起塔從此北行減一由延到一
邑是拘那含牟尼佛所生處父子相見處般泥洹處
亦皆起塔從此東行減一由延到迦維羅衛城城中
都無王民甚如坵荒只有衆僧民戶數十家而已白

淨王故宮處作太子母形像乃太子乘白象入母胎
時太子出城東門見病人迴車還處皆起塔阿夷相
太子處與難陀等撲象捔射處箭東南去三十里入
地令泉水出後世人治作井令行人飲之佛得道還
見父王處五百釋子出家向優波離作禮地六種震
動處佛爲諸天說法四天王守四門父王不得入處
佛在尼拘律樹下東向坐大愛道布施佛僧伽梨處
此樹猶在瑠璃王殺釋種子釋種子先盡得須陀洹
立塔今亦在城東北數里有王田太子樹下觀耕者

處城東五十里有王園園名論民夫人入池洗浴出池北岸二十步舉手攀樹枝東向生太子太子墮地行七步二龍王浴太子身浴處遂作井及上洗浴池今衆僧常取飲之凡諸佛有四處常定一者成道處二者轉法輪處三者說法論議伏外道處四者上忉利天爲母說法來下處餘則隨時示現焉迦維羅衛國大空荒人民稀疎道路怖畏白象師子不可妄行從佛生處東行五由延有國名藍莫此國王得佛一分舍利還歸起塔即名藍莫塔塔邊有池池中有龍

常守護此塔晝夜供養阿育王出世欲破八塔作八萬四千塔破七塔已次欲破此塔龍便現身持阿育王入其宮中觀諸供養具已語王言汝供若能勝是便可壞之持去吾不與汝爭阿育王知其供養具非世之有於是便還此中荒蕪無人灑掃常有羣象以鼻取水灑地取雜華香而供養塔諸國有道人來欲禮拜塔遇象大怖依樹自翳見象如法供養道人大自悲感此中無有僧伽藍可供養此塔乃令家灑掃道人即捨大戒還作沙彌自挽草木平治處所使得

淨潔勸化國王作僧住處巳爲寺今現有僧住此事
在近自爾相承至今恒以沙彌爲寺主從此東行三
由延太子遣車匿白馬還處亦起塔從此東行四由
延到炭塔亦有僧伽藍復東行十二由延到拘夷那
竭城城北雙樹間希連河邊世尊於此北首而般泥
洹及須跋最後得道處以金棺供養世尊七日處金
剛力士放金杵處八王分舍利處諸處皆起塔有僧
伽藍今悉現在其城中人民亦稀曠止有衆僧民戶
從此東南行十二由延到諸梨車欲逐佛般泥洹處

而佛不聽戀佛不肯去佛化作大深塹不得渡佛與鉢作信遣還其家立石柱上有銘題自此東行五由延到毗舍離國毗舍離城北大林重閣精舍佛住處及阿難半身塔其城裏本菴婆羅女家爲佛起塔今故現在城南三里道西菴婆羅女以園施佛作佛住處佛將般泥洹與諸弟子出毗舍離城西門廻身右轉顧看毗舍離城告諸弟子是吾最後所行處後人於此處起塔城西北三里有塔名放弓仗以名此者恒水上流有一國王王小夫人生一肉胎大夫人妬

之言汝生不祥之徵即盛以木函擲恒水中不流有國王遊觀見水上木函開看見千小兒端正姝特王即取養之遂便長大甚勇健所往征伐無不摧伏次伐父王本國王大愁憂小夫人問王何故愁憂王曰彼國王有千子勇健無比欲來伐吾國是以愁耳小夫人言王勿愁憂但於城東作高樓賊來時置我樓上則我能却之王如其言至賊到時小夫人於樓上語賊言汝是我子何故作反逆事賊曰汝是何人云是我母小夫人曰汝等若不信者盡仰向張口小夫

人即以兩手搆兩乳乳各作五百道墮千子口中賊知是我母即放弓仗二父王於是思惟皆得辟支佛二辟支佛塔猶在後世尊成道告諸弟子是吾昔時放弓仗處後人得知於此立塔故以名焉千小兒者即賢劫千佛是也佛於放弓仗塔邊告阿難言我却後三月當般泥洹魔王嬈固阿難使不得請佛住世從此東行三四里有塔佛般泥洹後百年有毗舍離比丘錯行戒律十事證言佛說如是爾時諸羅漢及持戒律比丘凡夫者有七百僧更檢校律藏後人於

此處起塔今亦在從此東行四由延到五河合口阿難從摩竭國向毗舍離欲般涅槃諸天告阿闍世王即自嚴駕將士衆追到河上毗舍離諸梨車聞阿難來亦復來迎俱到河上阿難思惟前則阿闍世王致恨還則梨車復怨則於河中央入火光三昧燒身而般泥洹分身作二分一分在一岸邊於是二王各得半身舍利還歸起塔度河南下一由延到摩竭提國巴連弗邑巴連弗邑是阿育王所治城中王宮殿皆使鬼神作累石起墻闕雕文刻鏤非世所造今故現

在阿育王弟得羅漢道常住耆闍崛山志樂閑靜王敬心請於家供養以樂山靜不肯受請王語弟言但受我請當爲汝於城裏作山王乃具飲食召諸鬼神而告之曰明日悉受我請無坐席各自賫來明日諸大鬼神各持大石來辟方四五步坐訖卽使鬼神累作大石山又於山底以五大方石作石室可長三丈廣二丈高丈餘有一大乘婆羅門子名羅汰私婆迷住此城裏爽悟多智事無不達以清淨自居國王宗敬師事若往問訊不敢並坐王設以愛敬心執手執

手巳婆羅門輒自灌洗年可五十餘舉國瞻仰賴此一人弘宣佛法外道不能得加陵衆僧於阿育王塔邊造摩訶衍僧伽藍甚嚴麗亦有小乘寺都合六七百僧衆威儀庠序可觀四方高德沙門及學問人欲求義理皆詣此寺婆羅門子師亦名文殊師利國内大德沙門諸大乘比丘皆宗仰焉亦住此僧伽藍凡諸中國唯此國城邑爲大民人富盛競行仁義年年常以建卯月八日行像作四輪車縛竹作五層有承櫨揠戟高二丈餘許其狀如塔以白氎纏上然後彩

畫作諸天形像以金銀琉璃莊校其上懸繒幡蓋四邊作龕皆有坐佛菩薩立侍可有二十車車車莊嚴各異當此日境內道俗皆集作倡伎樂華香供養婆羅門子來請佛佛次第入城入城內再宿通夜然燈伎樂供養國國皆爾其國長者居士各於城中立福德醫藥舍凡國中貧窮孤獨殘跛一切病人皆詣此舍種種供給醫師看病隨宜飲食及湯藥皆令得安差者自去阿育王壞七塔作八萬四千塔最初所作大塔在城南三里餘此塔前有佛腳跡起精舍戶北

向塔塔南有一石柱圍丈四五高三丈餘上有銘題云阿育王以閻浮提布施四方僧還以錢贖如是三反塔北三四百步阿育王本於此作泥犁城中央有石柱亦高三丈餘上有師子柱上有銘記作泥犁城因緣及年數日月從此東南行九由延至一小孤石山山頭有石室石室南向佛坐其中天帝釋將天樂般遮彈琴樂佛處帝釋以四十二事問佛一一以指畫石畫跡故在此中亦有僧伽藍從此西南行一由延到那羅聚落是舍利弗本生村舍利弗還於此村

中般泥洹即此處起塔今亦現在從此西行一由延
到王舍新城新城者是阿闍世王所造中有二僧伽
藍出城西門三百步阿闍世王得佛一分舍利起塔
高大嚴麗出城南四里南向入谷至五山裏五山周
圍狀若城郭即是蓱沙王舊城城東西可五六里南
北七八里舍利弗目連初見頞鞞處尼犍子作火坑
毒飯請佛處阿闍世王酒飲黑象欲害佛處城東北
角曲中耆舊於菴婆羅園中起精舍請佛及千二百
五十弟子供養處今故在其城中空荒無人住入谷

搏山東南上十五里到耆闍崛山未至頭三里有石窟南向佛本於此坐禪西北三十步復有一石窟阿難於中坐禪天魔波旬化作鵰鷲住窟前恐阿難佛以神足力隔石舒手摩阿難肩怖即得止鳥跡手孔今悉存故曰鵰鷲窟山窟前有四佛坐處又諸羅漢各各有石窟坐禪處動有數百佛在石室前東西經行調達於山北嶮巇間横擲其石傷佛足指處石猶在佛說法堂已毁壞止有磚壁基在其山峯秀端嚴是五山中最高顯於新城中買香華油燈倩二舊比

丘送法顯上耆闍崛山華香供養然燈續明慨然悲傷收淚而言佛昔於此住說首楞嚴法顯生不值佛但見遺跡處所而已即於石窟前誦首楞嚴停止一宿還向新城出舊城北行三百餘步道西迦蘭陀竹園精舍今現在衆僧掃灑精舍北二三里有尸摩賒那尸摩賒那者漢言棄死人墓田搏南山西行三百步有一石室名賓波羅窟佛食後常於此坐禪又西行五六里山北陰中有一石室名車帝佛泥洹後五百阿羅漢結集經處出經時鋪三空座莊嚴校飾舍

利弗在左目連在右五百數中少一阿羅漢大迦葉爲上座時阿難在門外不得入其處起塔今亦在搏山亦有諸羅漢坐禪石窟甚多出舊城北東下三里有調達石窟離此五十步有大方黑石昔有比丘在上經行思惟是身無常苦空不得淨觀厭患是身即捉刀欲自殺復念世尊制戒不得自殺又念雖爾我今但欲殺三毒賊便以刀自刎始傷再得須陀洹既半得阿那含斷已成阿羅漢果般泥洹從此西行四由延到伽耶城城內亦空荒復南行二十里到菩薩

本苦行六年處處有林木從此西行三里到佛入水洗浴天按樹枝得攀出池處又北行二里得彌家女奉佛乳糜處從此北行二里佛於一大樹下石上東向坐食糜樹石今悉在石可廣長六尺高二尺許中國寒暑均調樹木或數千歲乃至萬歲從此東北行半由延到一石窟菩薩入中西向結跏趺坐心念若我成道當有神驗石壁上即有佛影現長三尺許今猶明亮時天地大動諸天在空中白言此非過去當來諸佛成道處去此西南行減半由延貝多樹下是

過去當來諸佛成道處諸天說是語已即便在前唱導導引而去菩薩起行離樹三十步天授吉祥草菩薩受之復行十五步五百青雀飛來繞菩薩三帀而去菩薩前到貝多樹下敷吉祥草東向而坐時魔王遣三玉女從北來試魔王自從南來試菩薩以足指按地魔兵退散三女變老自上苦行六年處及此諸處後人皆於中起塔立像今皆在佛成道已七日觀樹受解脫樂處佛於貝多樹下東西經行七日處諸天化作七寶屋供養佛七日處文鱗盲龍七日繞佛

處佛於尼拘律樹下方石上東向坐梵天來請佛處
四天王奉鉢處五百賈客授麨蜜處度迦葉兄弟師
徒千人處此諸處亦起塔佛得道處有三僧伽藍皆
有僧住衆僧民戶供給饒足無所乏少戒律嚴峻威
儀坐起入衆之法佛在世時聖衆所行以至于今佛
泥洹已來四大塔處相承不絕四大塔者佛生處得
道處轉法輪處般泥洹處阿育王昔作小兒時當道
戲遇釋迦佛行乞食小兒歡喜卽以一掬土施佛佛
持還泥經行地因此果報作鐵輪王王閻浮提乘鐵

輪柰行閻浮提見鐵圍兩山間地獄治罪人即問羣臣此是何等答言是鬼王閻羅治罪人王自念言鬼王尚能作地獄治罪人我是人主何不作地獄治罪人耶即問臣等誰能爲我作地獄主治罪人者臣答言唯有極惡人能作耳王即遣臣遍求惡人見泄水邊有一長壯黑色髮黃眼青以脚鉤兼魚口呼禽獸禽獸來便射殺無得脫者得此人已將來與王王密勑之汝作四方高墻内殖種種華果并好谷池莊嚴校飾令人渴仰牢作門戶有人入者輙捉種種治罪

莫使得出設使我入亦治罪莫放令拜汝作地獄主有比丘次第乞食入其門獄卒見之便欲治罪比丘惶怖求請須臾聽我中食俄頃得有人入獄卒內置碓臼中擣之赤沫出比丘見已思惟此身無常苦空如泡如沫即得阿羅漢既而獄卒捉內鑊湯中比丘心顏欣悅火滅湯冷中生蓮華比丘坐上獄卒即往白王獄中竒恠願王往看王言我前有要令不敢往獄卒言此非小事王宜疾往更改先要王即隨入比丘爲說法王得信解即壞地獄悔前所作衆惡由是

信重三寶常至貝多樹下悔過自責受八齋王夫人問王常遊何處羣臣答言恒在貝多樹下夫人伺王不在時遣人伐其樹倒王來見之迷悶躃地諸臣以水灑面良久乃蘇王即以塼累四邊以百罌牛乳灌樹根身四布地作是誓言若樹不生我終不起誓已樹便即根上而生以至于今今高減十丈從北南三里行到一山名雞足大迦葉今在此山中劈山下入入處不容人下入極遠有旁孔迦葉全身在此中住孔外有迦葉本洗手土彼方人若頭痛者以此土塗

之即差此山中即日故有諸羅漢住彼方諸國道人年年往供養迦葉心濃至者夜即有羅漢來共言論釋其疑已忽然不現此山榛木茂盛又多師子虎狼不可妄行法顯還向巴連弗邑順恒水西下十由延得一精舍名曠野佛所住處今現有僧復順恒水西行十二由延到迦尸國波羅㮈城城東北十里許得仙人鹿野苑精舍此苑本有辟支佛住常有野鹿栖宿世尊將成道諸天於空中唱言白淨王子出家學道却後七日當成佛辟支佛聞已即取泥洹故名此

處爲仙人鹿野苑世尊成道已後人於此處起精舍佛欲度拘驎等五人五人相謂言此瞿曇沙門本六年苦行日食一麻一米尚不得道況入人間恣身口意何道之有今日來者愼勿與語佛到五人皆起作禮處復北行六十步佛於此東向坐始轉法輪度拘驎等五人處其北二十步佛爲彌勒授記處其南五十步翳羅鉢龍問佛我何時當得免此龍身此處皆起塔見在中有二僧伽藍悉有僧住自鹿野苑精舍西北行十三由延有國名拘睒彌其精舍名瞿師羅

園佛昔住處今故有衆僧多小乘學從東行八由延佛本於此度惡鬼處亦嘗在此住經行坐處皆起塔亦有僧伽藍可百餘僧從此南行二百由延有國名達嚫是過去迦葉佛僧伽藍穿大石山作之凡有五重最下重作象形有五百間石室第二層作師子形有四百間第三層作馬形有三百間第四層作牛形有二百間第五層作鴿形有百間最上有泉水循石室前繞房而流周圍迴曲如是乃至下重順房流從戶而出諸層室中處處穿石作窻牖通明室中朗然

都無幽暗其室四角頭穿石作梯磴上處今人形小緣梯上正得至昔人一脚所躡處因名此寺爲波羅越波羅越者天竺名鴿也其寺中常有羅漢住此土丘荒無人民居去山極遠方有村皆是邪見不識佛法沙門婆羅門及諸異學彼國人民常見人飛來入此寺於時諸國道人欲來禮此寺者彼村人則言汝何以不飛耶我見此間道人皆飛道人方便答言翅未成耳達嚫國嶮道路艱難而知處欲往者要當賫錢貨施彼國王王然後遣人送展轉相付示其逕路

法顯竟不得往承彼土人言故說之耳從波羅㮈國東行還到巴連弗邑法顯本求戒律而北天竺諸國皆師師口傳無本可寫是以遠步乃至中天竺於此摩訶衍僧伽藍得一部律是摩訶僧祇衆律佛在世時最初大衆所行也於祇洹精舍傳其本自餘十八部各有師資大歸不異於小小不同或用開塞但此最是廣說備悉者復得一部抄律可七千偈是薩婆多衆律即此秦地衆僧所行者也亦皆師師口相傳授不書之於文字復於此衆中得雜阿毗曇心可六

千偈又得一部綖經二千五百偈又得一卷方等般泥洹經可五千偈又得摩訶僧祇阿毗曇故法顯住此三年學梵書梵語寫律道整既到中國見沙門法則衆僧威儀觸事可觀乃追歎秦土邊地衆僧戒律殘缺誓言自今已去至得佛願不生邊地故遂停不歸法顯本心欲令戒律流通漢地於是獨還順恒水東下十八由延其南岸有瞻波大國佛精舍經行處及四佛坐處悉起塔現有僧住從此東行近五十由延到多摩梨帝國即是海口其國有二十四僧伽藍

盡有僧住佛法亦興法顯住此二年寫經及畫像於是載商人大舶汎海西南行得冬初信風晝夜十四日到師子國彼國人云相去可七百由延其國大在洲上東西五十由延南北三十由延左右小洲乃有百數其間相去或十里二十里或二百里皆統屬大洲多出珍寶珠璣有出摩尼珠地方可十里王使人守護若有採者十分取三其國本無人民正有鬼神及龍居之諸國商人共市易市易時鬼神不自現身但出寶物題其價直商人則依價直直取物因商人

來往住故諸國人聞其土樂悉亦復來於是遂成大
國其國和適無冬夏之異草木常茂田種隨人無有
時節佛至其國欲化惡龍以神足力一足躡王城北
一足躡山頂兩跡相去十五由延於王城北跡上起
大塔高四十丈金銀莊校衆寶合成塔邊復起一僧
伽藍名無畏山有五千僧起一佛殿金銀刻鏤悉以
衆寶中有一青玉像高二丈許通身七寶炎光威相
嚴顯非言所載右掌中有一無價寶珠法顯去漢地
積年所與交接悉異域人山川草木舉目無舊又同

行分析或留或亡顧影唯已心常懷悲忽於此玉像邊見商人以晉地一白絹扇供養不覺悽然淚下滿目其國前王遣使中國取貝多樹子於佛殿旁種之高可二十丈其樹東南傾王恐倒故以八九圍柱拄樹樹當拄處心生遂穿柱而下入地成根大可四圍許柱雖中裂猶裹在其外人亦不去樹下起精舍中有坐像道俗敬仰無倦城中又起佛齒精舍皆七寶作王淨修梵行城内人信敬之情亦篤其國立治已來無有飢荒喪亂衆僧庫藏多有珍寶無價摩尼其

王入僧庫遊觀見摩尼珠即生貪心欲奪取之三日乃悟即詣僧中稽首悔前罪心告白僧言願僧立制自今已後勿聽王入其庫看比丘滿四十臘然後得入其城中多居士長者薩薄商人屋宇嚴麗巷陌平整四衢道頭皆作說法堂月八日十四日十五日鋪施高座道俗四衆皆集聽法其國人云都可五六萬僧悉有衆食王别於城内供五六千人衆食須者則持本鉢往取隨器所容皆滿而還佛齒常以三月中出之未出十日王莊校大象使一辯說人著王衣服

騎象上擊鼓唱言菩薩從三阿僧祇劫苦行不惜身命以國妻子及挑眼與人割肉貿鴿截頭布施投身餓虎不悋髓腦如是種種苦行爲衆生故成佛在世四十九年說法教化令不安者安不度者度衆生緣盡乃般泥洹泥洹已來一千四百九十七年世間眼滅衆生長悲却後十日佛齒當出至無畏山精舍國内道俗欲植福者各各平治道路嚴飾巷陌辦衆華香供養之具如是唱已王便夾道兩邊作菩薩五百身已來種種變現或作須大拏或作睒變或作象王

或作鹿馬如是形像皆彩畫莊校狀若生人然後佛齒乃出中道而行隨路供養到無畏精舍佛堂上道俗雲集燒香然燈種種法事晝夜不息滿九十日乃還城内精舍城内精舍至齋日則開門戶禮敬如法

無畏精舍東四十里有一山山中有精舍名跋提可有二千僧僧中有一大德沙門名達摩瞿諦其國人民皆共宗仰住一石室中四十許年常行慈心能感蛇鼠使同止一室而不相害城南七里有一精舍名摩訶毗訶羅有三千僧住有一高德沙門戒行清潔

國人咸疑是羅漢臨終之時王來省視依法集僧而問比丘得道耶其便以實答言是羅漢既終王即案經律以羅漢法葬之於精舍東四五里積好大薪縱廣可三丈餘高亦爾近上著栴檀沈水諸香木四邊作階上持淨好白氎周帀蒙積上作大轝床似此間輀車但無龍魚耳當闍維時王及國人四衆咸集以華香供養從轝至墓所王自華香供養供養訖轝著積上蘓油遍灌然後燒之火然之時人人敬心各脱上服及羽儀傘蓋遥擲火中以助闍維闍維已即檢

取骨即以起塔法顯至不及其生存唯見葬時王篤信佛法欲爲衆僧作新精舍先設大會飯食僧供養已乃選好上牛一雙金銀寶物莊校角上作好金犁王自耕頃四邊然後割給民戶田宅書以鐵券自是已後代代相承無敢廢易法顯在此國聞天竺道人於高座上誦經云佛鉢本在毗舍離今在揵陀衛竟若干百年（法顯聞誦之時有定歲數但今忘耳）當復至西月氏國若干百年當至于闐國住若干百年當至屈茨國若干百年當復來到漢地住若干百年當復至師子國若干

百年當還中天竺到中天已當上兜術天上彌勒菩
薩見而歎曰釋迦文佛鉢至即共諸天華香供養七
日七日已還閻浮提海龍王持入龍宮至彌勒將成
道時鉢還分為四復本頻那山上彌勒成道已四天
王當復應念佛如先佛法賢劫千佛共用此鉢鉢去
已佛法漸滅佛法滅後人壽轉短乃至五歲十歲之
時糯米酥油皆悉化滅人民極惡捉木則變成刀杖
共相傷割殺其中有福者逃避入山惡入相殺盡已
還復來出共相謂言昔人壽極長但為惡甚作諸非

法故我等壽命遂爾短促乃至十歲我今共行諸善起慈悲心修行仁義如是各行信義展轉壽倍乃至八萬歲彌勒出世初轉法輪時先度釋迦遺法弟子出家人及受三歸五戒齋法供養三寶者第二第三次度有緣者法顯爾時欲寫此經其人云此無經本我止口誦耳法顯住此國二年更求得彌沙塞律藏本得長阿含雜阿含復得一部雜藏此悉漢土所無者得此梵本已即載商人大船上可有二百餘人後係一小船海行艱險以備大船毀壞得好信風東下

二日便值大風船漏水入商人欲趣小船小船上人恐人來多即斫絙斷商人大怖命在須臾恐船水漏即取麤財貨擲著水中法顯亦以軍持及澡灌并餘物棄擲海中但恐商人擲去經像唯一心念觀世音及歸命漢地衆僧我遠行求法願威神歸流得到所止如是大風晝夜十三日到一島邊潮退之後見船漏處即補塞之於是復前海中多有抄賊遇輒無全大海瀰漫無邊不識東西唯望日月星宿而進若陰雨時爲逐風去亦無准當夜闇時但見大浪相搏晃

然火色黿鼉水性怪異之屬商人荒遽不知那向海深無底又無下石住處至天晴已乃知東西還復望正而進若值伏石則無活路如是九十日許乃到一國名耶婆提其國外道婆羅門興盛佛法不足言停此國五月日復隨他商人大船上亦二百許人賫五十日糧以四月十六日發法顯於船上安居東北行趣廣州一月餘日夜鼓二時遇黑風暴雨商人賈客皆悉惶怖法顯爾時亦一心念觀世音及漢地衆僧蒙威神佑得至天曉曉已諸婆羅門議言坐載此沙

門使我不利遭此大苦當下比丘置海島邊不可爲一人令我等危嶮法顯本檀越言汝若下此比丘亦并下我不爾便當殺我汝其下此沙門吾到漢地當向國王言汝也漢地王亦敬信佛法重比丘僧諸商人躊躇不敢便下於時天多連陰海師相望僻誤遂經七十餘日糧食水漿欲盡取海鹹水作食分好水人可得二升遂便欲盡商人議言常行時正可五十日便到廣州爾今已過其多日將無僻耶卽便西北行求岸晝夜十二日長廣郡界牢山南岸便得好水

菜但經涉險難憂懼積日忽得至此岸見藜藿菜依然知是漢地然不見人民及形跡未知是何許或言未至廣州或言已過莫知所定即乘小船入浦覓人欲問其處得兩獵人即將歸令法顯譯語問之法顯先安慰之徐問汝是何人答言我是佛弟子又問汝入山何所求其便詭言明當七月十五日欲取挑臘佛又問此是何國答言此青州長廣郡界統屬劉家聞已商人歡喜即乞其財物遣人往長廣太守李嶷敬信佛法聞有沙門持經像乘船汎海而至即將人

從至海邊迎接經像歸至郡治商人於是還向楊州劉法青州請法顯一冬一夏夏坐訖法顯遠離諸師久欲趣長安但所營事重遂便南下向都就諸師出經律法顯發長安六年到中國停六年還三年達青州凡所遊歷減三十國沙河已西迄于天竺衆僧威儀法化之美不可詳說竊唯諸師未得備聞是以不顧微命浮海而還艱難具更幸蒙三尊威靈危而得濟故竹帛疏所經歷欲令賢者同其聞見

是歲甲寅晉義熙十二年歲在壽星夏安居末迎

法顯道人既至留其冬齋因講集之際重問遊歷其人恭順言輒依實由是先所略者勸令詳載顯復具敘始末自云顧尋所經不覺心動汗流所以乘危履險不惜此形者蓋是志有所存專其愚直故投命於不必全之地以達萬一之冀於是感歎斯人以為古今罕有自大教東流未有忘身求法如顯之比然後知誠之所感無窮否而不通志之所獎無功業而不成成夫功業者豈不由忘失所重重夫所忘者哉

金陵全書

丁編·文獻類

弘明集

（一）

（南朝梁）僧祐 輯

南京出版社
南京出版傳媒集團

提　要

《弘明集》十四卷，南朝梁僧祐輯。

僧祐（四四五—五一八），俗姓俞，建鄴（今江蘇南京）人，是南朝齊、梁時代的一位律學大師和佛教史學家。一生著述頗豐，著有《出三藏記集》《弘明集》《薩婆多部相承傳》《十誦義記》《釋迦譜》《世界記》《法苑集》《法集雜記傳銘》。其中，《出三藏記集》《弘明集》影響甚大。

《弘明集》是中國佛教史上第一部護法弘教的文獻匯編，此書的編撰，意在回應當時社會上各種懷疑、譏諷、批評甚至廢毁佛教的言論，釋疑解難，弘揚佛教，正如僧祐在序文中所説：『夫道以人弘，教以文明，弘道明教，故謂之《弘明集》。』

金陵刻經處本《弘明集》共十四卷，約十四萬字，收録了自東漢至南朝齊、梁時代數百年間教内外人士護法御侮、弘道明教的各類文論共一百八十六篇，涉及作者共一百二十三人，其中僧人十九人，其餘多爲王公大臣和文人學士。該書不僅匯集了早期中國佛教史的一批珍貴文獻，也無意中保存了一些重要的社會名流之作，在宗教學、哲學、文學、史學等方面具有極高的文獻價值。

《弘明集》集中地反映了漢代以來特別是東晉至南北朝時期的佛教信徒，包括出家的沙門和在家的居士，同固守儒家文化傳統和封建國家政治經濟利益的封建士大夫、堅持本土宗教信仰的道教信徒以及社會上的各種對佛教懷有歧視和敵對情緒的人們的論争、辯駁和鬥争的歷史狀況，也從不同的側面反映了此一時期佛教的基本教義、發展水平、流播狀況，從而比較全面地再現了佛教在中土最初五百年的滄桑歷程。

僧祐在《後序》中曾提到『六疑』，也就是當時人們對於佛教六大懷疑：『一疑經説迂誕，大而無徵；二疑人死神滅，無有三世；三疑莫見真佛，無益國治；四疑古無法教，近出議世；五疑教在戎方，化非華俗；六疑漢魏法微，晋代始事。』而僧祐編撰《弘明集》的目的也正是爲了消除人們對佛教的懷疑。從思想史的角度看，《弘明集》可視爲一部以佛教爲主體的反映漢魏兩晋南北朝時期的三教關繫的文集。儒佛道三教論争是《弘明集》涉及最多的問題，許多文章常常提及『周孔與佛』或『孔老與佛』。佛教與儒家和道教的論爭，亦是外來文化與本土文化之間的鬥爭。這種鬥爭往往是温和的思想辯論，比較突出的有三大方面：

其一，因果報應和形神之爭：這是關於世界觀最根本的爭論。因果報應是佛教的基本教義之一，同中國傳統的世界觀和宗教觀存在很大差距，發展到後來，則被形神之爭所取代。此兩者本來是相互聯繫的，本質上屬於同一問題，爭論中常常連在一起。這個問題在齊梁之際達到爭論的高峰。

其二，夷夏之辨與佛道鬥爭：這是本土的文化特別是道教與外來的佛教之間的論爭，反映了佛教與道教在宗教教義以及政治、經濟利益上的矛盾。佛道之爭的一個重要表現就是夷夏之辨，這是道教利用本土的文化優勢壓制外來佛教的一種策略。這些爭論有助於人們進一步認識佛教、道教各自的優勢和不足。

其三，沙門與王權之爭：這是佛教與封建政治、經濟、倫理等方面衝突的一個集中表現。佛教是在印度文化環境中的產物，它可以獨立於王權之外，而中國封建政治的重要特徵就是大一統與王權至上，因此，出家的沙門是否要禮敬王者，在中國很長一段時間都是一個頗爲棘手的政治禮儀議題，東晋王朝爲此曾發生了兩次大規模的争論。

僧祐《弘明集》的編撰方式爲唐代的佛教史學家道宣所繼承，道宣續編《廣弘明集》。《金陵全書》收録的《弘明集》以南京圖書館藏清光緒二十二年（一八九六）金陵刻經處本爲底本原大影印出版。

劉立夫

弘明集序

梁楊都建初寺釋僧祐集

夫覺海無涯。慧鏡圓照。化妙域中。實陶鑄於堯舜。理擅繫表。乃埏埴乎周孔矣。然道大信難。聲高和寡。須彌峻而藍風起。寶藏積而怨賊生。昔如來在世。化震大千。猶有四魔撓惑。六師懷毒。況乎像季。其可勝哉。自大法東流。歲幾五百。緣各信否。運亦崇替。正見者敷讃。邪惑者謗訕。至於守文曲儒。則距爲異教。巧言左道。則引爲同法。距有拔本之迷。引有朱紫之亂。遂令詭論稍繁。訛辭孔熾。夫鵩鴟鳴夜。不翻白日之光。

精衞銜石無損滄海之勢然以闇亂明以小罔大雖莫動毫髮而有塵眂聽將令弱植之徒隨僞辯而長迷倒置之倫逐邪說而永溺此幽塗所以易墜淨境所以難陟者也祐以末學志深弘護靜言浮俗憤慨于心遂以藥疾微閒山棲餘暇撰古今之明篇總道俗之雅論其有刻意翦邪建言衞法製無大小莫不畢采又前代勝士書記文述有益三寶亦皆編錄類聚區分列爲十四卷夫道以人弘教以文明弘道明教故謂之弘明集兼率淺懷附論於末庶以涓埃微裨瀛岱但學孤識寡愧在褊局博綜君子惠增廣焉

弘明集目錄

弘明集卷第一

梁楊都建初寺釋僧祐集

理惑論三十七篇 一云蒼梧太守牟子博傳

漢牟融

牟子既修經傳諸子。書無大小。靡不好之。雖不樂兵法。然猶讀焉。雖讀神仙不死之書。抑而不信。以爲虚誕。是時靈帝崩後。天下擾亂。獨交州差安。北方異人。咸來在焉。多爲神仙辟穀長生之術。時人多有學者。牟子常以五經難之。道家術士。莫敢對焉。比之於孟軻距楊朱墨翟。先是時。牟子將母避世交趾。年二十六。歸蒼梧娶妻。太守聞其守學。謁請署吏。時年方盛志精於學。又見世亂無仕宦意。竟遂不就。是時諸州郡相疑。隔塞不通。太守以其博學多識。使致敬荆州。牟子以爲榮爵易讓。使命難辭。遂嚴當行。會被州牧優文處士辟之。復稱疾不起。牧弟爲豫章太守。爲中郎將笮融所殺。時牧遣騎都尉劉彦將兵赴之。恐外界相疑。兵不得進。牧乃請牟子曰。弟爲逆賊所害。骨肉之痛。憤發肝心。當遣劉都尉行。恐外界疑難。行人不通。君文武兼備。有專對才。今欲相屈之零陵桂陽。假塗於通路。何如。牟子曰。被秣伏櫪。見遇日久。列士忘身。期必騁效。遂嚴當發。會其母卒亡。遂不果行。久之退念以辯達之故輒見使命方世擾攘非顯己之秋也乃歎曰老子絶聖棄智修身保眞萬物不干其志天下不易其樂天子不得臣諸侯不得友故可貴也於是鋭志於佛道兼研老子五千文含玄妙爲酒漿翫五經爲琴簧世俗之徒多非之者以爲背五經而向異道欲爭則非道欲默則不能遂以筆墨之間略引聖賢之言證解之名曰牟子理惑云

或問曰佛從何出生寧有先祖及國邑不皆何施行狀何類乎牟子曰富哉問也請以不敏略説其要蓋聞佛化之爲狀也積累道德數千億載不可紀記然

臨得佛時。生於天竺。假形於白淨王夫人晝寢。夢乘白象。身有六牙。欣然悦之。遂感而孕。以四月八日從母右脅而生。墮地行七步。舉右手曰。天上天下靡有踰我者也。時天地大動。宫中皆明。其日王家青衣復產一兒。廄中白馬亦乳白駒。奴字車匿。馬曰犍陟。王常使隨太子。太子有三十二相。八十種好。身長丈六。體皆金色。頂有肉髻。頰車如師子。舌自覆面。手把千輻輪。頂光照萬里。此略説其相。年十七。王爲納妃。鄰國女也。太子坐則遷座。寢則異牀。天道孔明。陰陽而通。遂懷一男。六年乃生。父王珍偉太子。爲興宫觀。妓女寶玩並列於前。太子不貪世樂。意存道德。年十九。二月八日夜半呼車匿勒犍陟跨之。鬼神扶舉飛而出宮。明日廓然不知所在。王及吏民莫不歔欷追之及田。王曰。未有爾時禱請神祇。今既有爾如玉如珪。當續祿位而去何爲。太子曰。萬物無常有存當亡。今欲學道度脫十方。王知其彌堅遂起而還。太子徑去。思道六年。遂成佛焉。所以孟夏之月生者。不寒不熱草木華英釋狐裘衣絺綌中呂之時也。所以生天竺者。天地之中處其中和也。所著經凡有十二部。合八億四千萬卷。其大卷萬言已下。小卷千言已上。佛教授天下度脫人民。因以二月十五日泥洹而去。其經戒續存。履能行之。亦得無爲。福流後世。持五戒者。一月六齋。齋之日專心壹意悔過自新。沙門持二百五十戒。日日齋。其戒非優婆塞所得聞也。威儀進止與古之典禮無異。終日竟夜講道誦經。不預世事。老子曰。孔德之容唯道是從。其斯之謂也。

問曰。何以正言佛。佛爲何謂乎。牟子曰。佛者諡號也。猶名三皇神五帝聖也。佛乃道德之元祖。神明之宗緒。佛之言覺也。怳惚變化。分身散體。或存或亡。能小能大。能圓能方。能老能少。能隱能彰。蹈火不燒。履刃不傷。在汙不染。在禍無殃。欲行則飛。坐則揚光。故號爲佛也。

問曰。何謂之爲道。道何類也。牟子曰。道之言導也。導人致於無爲。牽之無前。引之無後。舉之無上。抑之無下。視之無形。聽之無聲。四表爲大。綩綖其外。毫釐爲細。間關其內。故謂之道。

問曰。孔子以五經爲道教。可拱而誦。履而行。今子說道虛無恍惚。不見其意。不指其事。何與聖人言異乎。

牟子曰。不可以所習爲重。所希爲輕。惑於外類。失於中情。立事不失道德。猶調弦不失宮商。天道法四時。

人道法五常老子曰有物混成先天地生可以為天下母吾不知其名强字之曰道道之為物居家可以事親宰國可以治民獨立可以治身履而行之充乎天地廢而不用消而不離子不解之何異之有乎

問曰夫至實不華至辭不飾言約而至者麗事寡而達者明故珠玉少而貴瓦礫多而賤聖人制七經之本不過三萬言眾事備焉今佛經卷以萬計言以億數非一人力所能堪也僕以為煩而不要矣牟子曰江海所以異於行潦者以其深廣也五嶽所以別於丘陵者以其高大也若高不絕山阜跛羊淩其巔深

不絕涓流，孺子浴其淵；麒麟不處苑囿之中，吞舟之魚不遊數仞之溪，剖三寸之蚌求明月之珠，探枳棘之巢求鳳凰之雛，必難獲也。何者？小不能容大也。佛經前說億載之事，卻道萬世之要，太素未起，太始未生，乾坤肇興，其微不可握，其纖不可入，佛悉彌綸其廣大之外，剖析其窈妙之內，靡不紀之，故其經卷以萬計，言以億數，多多益具，衆衆益富，何不要之有？雖非一人所堪，譬若臨河飲水，飽而自足，焉知其餘哉！

問曰：佛經衆多，欲得其要而棄其餘，直說其實而除其華。牟子曰：否。夫日月俱明，各有所照，二十八宿各有所主。百藥並生。各有所愈。狐裘備寒。絺綌御暑。舟輿異路。俱致行旅。孔子不以五經之備。復作春秋孝經者。欲博道術。恣人意耳。佛經雖多。其歸爲一也。猶七典雖異。其貴道德仁義亦一也。孝所以說多者。隨人行而與之。若子張子游俱問一孝。而仲尼答之各異。攻其短也。何棄之有哉。

問曰。佛道至尊至大。堯舜周孔曷不修之乎。七經之中不見其辭。子既耽詩書。悅禮樂。奚爲復好佛道。喜異術。豈能踰經傳美聖業哉。竊爲吾子不取也。牟子曰。書不必孔丘之言。藥不必扁鵲之方。合義者從。愈病者良。君子博取衆善以輔其身。子貢云。夫子何常師之有乎。堯事尹壽。舜事務成。旦學呂望。丘學老聃。亦俱不見於七經也。四師雖聖。比之於佛。猶白鹿之與麒麟。鸞鳥之與鳳凰也。堯舜周孔且猶學之。況佛身相好變化神力無方。焉能捨而不學乎。五經事義。或有所闕。佛不見記。何足怪疑哉。

問曰。云佛有三十二相。八十種好。何其異於人之甚也。殆富耳之語。非實之云也。牟子曰。諺云。少所見。多所怪。覩馲駝。言馬腫背。堯眉八彩。舜目重瞳。皋陶烏喙。文王四乳。禹耳三漏。周公背僂。伏羲龍鼻。仲尼反頨。老子日角月玄。鼻有雙柱。手把十文。足蹈二五。此非異於人乎。佛之相好。奚足疑哉。

問曰。孝經言身體髮膚。受之父母。不敢毀傷。曾子臨沒。啟予手。啟予足。今沙門剃頭。何其違聖人之語。不合孝子之道也。吾子常好論是非。平曲直。而反善之乎。牟子曰。夫訕聖賢不仁。平不中不智也。不仁不智。何以樹德。德將不樹。頑嚚之儔也。論何容易乎。昔齊人乘船渡江。其父墮水。其子攘臂捽頭顛倒。使水從口出。而父命得穌。夫捽頭顛倒。不孝莫大。然以全父之身。若拱手修孝子之常。父命絕於水矣。孔子曰。可與適道未可與權所謂時宜施者也且孝經曰先王有至德要道而泰伯短髮文身自從吳越之俗違於身體髮膚之義然孔子稱之其可謂至德矣仲尼不以其短髮毀之也由是而觀苟有大德不拘於小沙門捐家財棄妻子不聽音不視色可謂讓之至也何違聖語不合孝乎豫讓吞炭漆身聶政劚面自刑伯姬蹈火高行截容君子以爲勇而有義不聞譏其自毀沒也沙門剃除鬚髮而比之於四人不已遠乎

問曰夫福莫踰於繼嗣不孝莫過於無後沙門棄妻子捐財貨或終身不娶何其違福孝之行也自苦而

無奇自拯而無異矣。牟子曰。夫長左者必短右。大前者必狹後。孟公綽爲趙魏老則優。不可以爲滕薛大夫。妻子財物。世之餘也。淸躬無爲。道之妙也。老子曰。名與身孰親。身與貨孰多。又曰。觀三代之遺風。覽乎儒墨之道術。誦詩書。修禮節。崇仁義。視淸潔。鄉人傳業。名譽洋溢。此中士所施行。恬淡者所不恤。故前有隋珠。後有虓虎。見之走而不敢取。何也。先其命而後其利也。許由栖巢木。夷齊餓首陽。孔聖稱其賢曰。求仁得仁者也。不聞譏其無後無貨也。沙門修道德以易遊世之樂。反淑賢以貿妻子之歡。是不爲奇。孰與爲奇，是不爲異，孰與爲異哉。

問曰：黄帝垂衣裳，製服飾。箕子陳洪範，貌爲五事首。孔子作孝經，服爲三德始。又曰：正其衣冠，尊其瞻視。原憲雖貧，不離華冠。子路遇難，不忘結纓。今沙門剃頭髮，披赤布，見人無跪起之禮，威儀無盤旋之容止，何其違貌服之制，乖搢紳之飾也。牟子曰：老子云，上德不德，是以有德；下德不失德，是以無德。三皇之時，食肉衣皮，巢居穴處，以崇質朴，豈復須章黼之冠，曲裘之飾哉。然其人稱有德而敦庬，允信而無爲。沙門之行，有似之矣。或曰：如子之言，則黄帝堯舜周孔之儔棄而不足法也。牟子曰。夫見博則不迷。聽聰則不惑。堯舜周孔。修世事也。佛與老子。無爲志也。仲尼栖栖七十餘國。許由聞禪洗耳於淵。君子之道。或出或處。或默或語。不溢其情。不淫其性。故其道爲貴。在乎所用。何棄之有乎。

問曰。佛道言人死當復更生。僕不信此言之審也。牟子曰。人臨死。其家上屋呼之。死已復呼。誰。或曰呼其魂魄。牟子曰。神還則生。不還。神何之乎。曰。成鬼神。牟子曰。是也。魂神固不滅矣。但身自朽爛耳。身譬如五穀之根葉。魂神如五穀之種實。根葉生必當死。種實豈有終亡。得道身滅耳。老子曰。吾所以有大患。以吾有身也。若吾無身。吾有何患。又曰。功成名遂身退。天之道也。或曰。爲道亦死。不爲道亦死。有何異乎。牟子曰。所謂無一日之善。而問終身之譽者也。有道雖死。神歸福堂。爲惡既死。神當其殃。愚夫闇於成事。賢智預於未萌。道與不道。如金比草。善之與福。如白方黑。焉得不異。而言何異乎。

問曰。孔子云。未能事人。焉能事鬼。未知生。焉知死。此聖人之所紀也。今佛家輒說生死之事。鬼神之務。此殆非聖喆之語也。夫履道者。當虛無澹泊。歸志質朴。

何爲乃道生死以亂志說鬼神之餘事乎。牟子曰。若子之言。所謂見外未識內者也。孔子疾子路不問本末。以此抑之耳。孝經曰。爲之宗廟以鬼享之。春秋祭祀。以時思之。又曰。生事愛敬。死事哀慼。豈不教人事鬼神。知生死哉。周公爲武王請命曰。旦多才多藝能事鬼神。夫何爲也。佛經所說生死之趣。非此類乎。老子曰。既知其子。復守其母。沒身不殆。又曰。用其光復其明。無遺身殃。此道生死之所趣。吉凶之所住。至道之要。寶貴寂寞。佛家豈好言乎。來問不得不對耳。鐘鼓豈有自鳴者。桴加而有聲矣。

問曰。孔子曰。夷狄之有君。不如諸夏之亡也。孟子譏陳相更學許行之術。曰。吾聞用夏變夷。未聞用夷變夏者也。吾子弱冠學堯舜周孔之道。而今舍之。更學夷狄之術。不已惑乎。牟子曰。此吾未解大道時之餘語耳。若子可謂見禮制之華。而闇道德之實。闚炬燭之明。未覩天庭之日也。孔子所言。矯世法矣。孟軻所云。疾專一耳。昔孔子欲居九夷。曰。君子居之。何陋之有。及仲尼不容於魯衛。孟軻不用於齊梁。豈復仕於夷狄乎。禹出西羌而聖喆。瞽叟生舜而頑嚚。由余產狄國而霸秦。管蔡自河洛而流言。傳曰。北辰之星在天之中在人之北。以此觀之。漢地未必爲天中也。佛經所說上下周極含血之類。物皆屬佛焉。是以吾復尊而學之。何爲當捨堯舜周孔之道。金玉不相傷。精珀不相妨。謂人爲惑。時自惑乎。

問曰。蓋以父之財乞路人。不可謂惠。二親尚存。殺己代人。不可謂仁。今佛經云。太子須大拏以父之財施與遠人。國之寶象。以賜怨家。妻子匃與他人。不敬其親而敬他人者。謂之悖禮。不愛其親而愛他人者。謂之悖德。須大拏不孝不仁。而佛家尊之。豈不異哉。牟子曰。五經之義。立嫡以長。太王見昌之志。轉季爲嫡。

遂成周業，以致太平。娶妻之義，必告父母，舜不告而娶，以成大倫。貞士須聘請，賢臣待徵召，伊尹負鼎干湯，寗戚叩角要齊。湯以致王，齊以之霸。禮，男女不親授，嫂溺則援之以手，權其急也。苟見其大，不拘於小。大人豈拘常也？須大拏覩世之無常，財貨非己寶，故恣意布施，以成大道。父國受其祚，怨家不得入。至於成佛，父母兄弟皆得度世，是不爲孝，是不爲仁，孰爲仁孝哉。

問曰：佛道崇無爲，樂施與，持戒兢兢，如臨深淵者。今沙門耽好酒漿，或畜妻子，取賤賣貴，專行詐紿，此乃世之僞。而佛道謂之無爲耶。牟子曰。工輸能與人斧斤繩墨。而不能使人巧。聖人能授人道。不能使人履而行之也。皋陶能罪盜人。不能使貪夫爲夷齊。五刑能誅無狀。不能使惡人爲曾閔。堯不能化丹朱。周公不能訓管蔡。豈唐敎之不著。周道之不備哉。然無如惡人何也。譬之世人學通七經。而迷於財色。可謂六藝之邪婬乎。河伯雖神。不能溺陸地人。飄風雖疾。不能使湛水揚塵。當患人不能行。豈可謂佛道有惡乎。

問曰。孔子稱奢則不遜。儉則固。與其不遜也寧固。叔孫曰。儉者德之恭。侈者惡之大也。今佛家以空財布施爲名。盡貨與人爲貴。豈有福哉。牟子曰。彼一時也。此一時也。仲尼之言。疾奢而無禮。叔孫之論。刺嚴公之刻楹。非禁布施也。舜耕歷山。恩不及州里。太公屠牛。惠不逮妻子。及其見用。恩流八荒。惠施四海。饒財多貨。貴其能與。貧困屢空。貴其履道。許由不貪四海。伯夷不甘其國。虞卿捐萬戶之封。救窮人之急。各其志也。僖負覊以壹飡之惠。全其所居之閭。宣孟以一飯之故。活其不貲之軀。陰施出於不意。陽報皎如白日。況傾家財。發善意。其功德巍巍如嵩泰。悠悠如江海矣。懷善者應之以祚。挾惡者報之以殃。未有種稻而得麥。施禍而獲福者也。

問曰。夫事莫過於誠。說莫過於實。老子除華飾之辭。崇質朴之語。佛經說不指其事。徒廣取譬喻。譬喻非道之要。合異爲同。非事之妙。雖辭多語博。猶玉屑一車。不以爲寶矣。牟子曰。事嘗共見者。可說以實。一人見一人不見者。難與誠言也。昔人未見麟。問嘗見者麟何類乎。見者曰。麟如麟也。問者曰。若吾嘗見麟。則不問子矣。而云麟如麟。寧可解哉。見者曰。麟麏身牛尾鹿蹄馬背。問者霍解。孔子曰。人不知而不慍。不亦君子乎。老子云。天地之間。其猶橐籥乎。又曰。譬道於天下猶川谷與江海。豈復華飾乎。論語曰。爲政以德。譬如北辰。引天以比人也。子夏曰。譬諸草木區以別之矣。詩之三百。牽物合類。自諸子纖緯聖人祕要。莫不引譬取喻。子獨惡佛説經牽譬喻耶。

問曰。人之處世。莫不好富貴而惡貧賤。樂歡逸而憚勞倦。黄帝養性。以五肴爲上。孔子云。食不厭精。鱠不厭細。今沙門披赤布。日一食。閉六情。自畢於世。若茲何聊之有。牟子曰。富與貴是人所欲。不以其道得之。不處也。貧與賤是人之所惡。不以其道得之。不去也。老子曰。五色令人目盲。五音令人耳聾。五味令人口爽。馳騁畋獵令人心發狂。難得之貨令人行妨。聖人爲腹不爲目。此言豈虚哉。柳下惠不以三公之位易其行。段干木不以其身易魏文之富。許由巢父栖木而居。自謂安於帝宇。夷齊餓於首陽。自謂飽於文武。蓋各得其志而已。何不聊之有乎。

問曰。若佛經深妙靡麗。子胡不談之於朝廷。論之於君父。修之於閨門。接之於朋友。何復學經傳讀諸子乎。牟子曰。子未達其源而問其流也。夫陳俎豆於壘門。建旌旗於朝堂。衣狐裘以當蕤賓。被絺綌以御黄鍾。非不麗也。乖其處非其時也。故持孔子之術入商鞅之門。賁孟軻之説詣蘇張之庭。功無分寸過有丈尺矣。老子曰。上士聞道勤而行之。中士聞道若存若亡。下士聞道大而笑之。吾懼大笑故不爲談也。渴不必待江河而飲。井泉之水何所不飽。是以復治經傳耳。

問曰。漢地始聞佛道。其所從出耶。牟子曰。昔孝明皇帝夢見神人。身有日光飛在殿前。欣然悦之。明日博問羣臣。此爲何神。有通人傅毅曰。臣聞天竺有得道者。號之曰佛。飛行虛空。身有日光。殆將其神也。於是上悟。遣使者張騫羽林郎中秦景博士弟子王遵等十二人。於大月支寫佛經四十二章。藏在蘭臺石室第十四間。時於洛陽城西雍門外起佛寺。於其壁畫千乘萬騎繞塔三帀。又於南宫清凉臺及開陽城門上作佛像。明帝存時預修造壽陵。陵曰顯節。亦於其上作佛圖像。時國豐民寗。遠夷慕義。學者由此而滋。

問曰。老子云。知者不言。言者不知。又曰。大辯若訥。大巧若拙。君子恥言過行。設沙門有至道。奚不坐而行之。何復談是非。論曲直乎。僕以爲此德行之賤也。牟子曰。來春當大飢。今秋不食。黄鍾應寒。蕤賓重裘。備預雖早。不免於愚。老子所云。謂得道者耳。未得道者何知之有乎。大道一言而天下悅。豈非大辯乎。老子不云乎。功遂身退。天之道也。身既退矣。又何言哉。今之沙門未及得道。何得不言。老氏亦猶言也。如其無言。五千何述焉。若知而不言可也。既不能知。又不能言。愚人也。故能言不能行。國之師也。能行不能言。國之用也。能行能言。國之寶也。三品各有所施。何德之賤乎。唯不能言。又不能行。是謂賤也。

問曰。如子之言。徒當學辯達。修言論。豈復治情性。履道德乎。牟子曰。何難悟之甚乎。夫言語談論。各有時也。蘧瑗曰。國有道則直。國無道則卷而懷之。甯武子

曰國有道則智國無道則愚孔子曰可與言而不與言失人不可與言而與言失言故智愚自有時談論各有意何爲當言論而不行哉

問曰子云佛道至尊至快無爲憺怕世人學士多譏毀之云其辭說廓落難用虛無難信何乎牟子曰至味不合於衆口大音不比於衆耳作咸池設大章發簫韶詠九成莫之和也張鄭衛之弦歌時俗之音必不期而拊手也故宋玉云客歌於郢爲下里之曲和者千人引商徵角衆莫之應此皆悅邪聲不曉於大度者也韓非以管闚之見而謗堯舜接輿以毛氂之

分而刺仲尼皆耽小而忽大者也夫聞清商而謂之角非彈弦之過聽者之不聰矣見和璧而名之石非璧之賤也視者之不明矣神蛇能斷而復續不能使人不斷也靈龜發夢於宋元不能免豫且之網大道無爲非俗所見不爲譽者貴不爲毀者賤用不用自天也行不行乃時也信不信其命也

問曰吾子以經傳理佛之說其辭富而義顯其文熾而說美得無非其誠是子之辯也牟子曰非吾辯也見博故不惑耳問曰見博其有術乎牟子曰由佛經也吾未解佛經之時惑甚於子雖誦五經適以爲華

未成實矣吾旣覩佛經之說覽老子之要守恬淡之性觀無爲之行還視世事猶臨天井而闚溪谷登嵩岱而見丘垤矣五經則五味佛道則五穀矣吾自聞道已來如開雲見白日炬火入冥室焉

問曰子云佛經如江海其文如錦繡何不以佛經答吾問而復引詩書合異爲同乎牟子曰渴者不必須江海而飲飢者不必待廒倉而飽道爲智者設辯爲達者通書爲曉者傳事爲見者明吾以子知其意故引其事若說佛經之語談無爲之要譬對盲者說五色爲聾者奏五音也師曠雖巧不能彈無弦之琴狐

狢雖熅不能熱無氣之人。公明儀爲牛彈淸角之操，伏食如故。非牛不聞，不合其耳矣。轉爲蚉䖟之聲，孤犢之鳴，卽掉尾奮耳，蹀躞而聽。是以詩書理子耳。

問曰：吾昔在京師，入東觀，遊太學，視俊士之所規，聽儒林之所論，未聞修佛道以爲貴，自損容以爲上也。吾子曷爲耽之哉？夫行迷則改路，術窮則反故，可不思歟？

牟子曰：夫長於變者不可示以詐，通於道者不可驚以怪，審於辭者不可惑以言，達於義者不可動以利也。老子曰：名者身之害，利者行之穢。又曰：設詐立權，虛無自貴。修閨門之禮術，時俗之際會，赴趣間隙務合當世此下士之所行中士之所廢也況至道之蕩蕩上聖之所行乎杳兮如天淵兮如海不合闚牆之士數仞之夫固其宜也彼見其門我覩其室彼採其華我取其實彼求其備我守其一子速改路吾請履之故禍福之源未知何若矣

問曰子以經傳之辭華麗之說褒讚佛行稱譽其德高者陵青雲廣者踰地圻得無踰其本過其實乎而僕譏刺頗得疹中而其病也牟子曰吁吾之所褒猶以塵埃附嵩泰收朝露投江海子之所謗猶握瓢瓠欲減江海蹻耕耒欲損崑崙側一掌以翳日光舉土

塊以塞河衝吾所褒不能使佛高子之毀不能令其下也

問曰王喬赤松八仙之籙神書百七十卷長生之事與佛經豈同乎牟子曰比其類猶五霸之與五帝陽貨之與仲尼比其形猶丘垤之與華恆涓瀆之與江海比其文猶虎鞹之與羊皮斑紵之與錦繡也道有九十六種至於尊大莫尚佛道也神仙之書聽之則洋洋盈耳求其效猶握風而捕影是以大道之所不取無爲之所不貴焉得同哉

問曰爲道者或辟穀不食而飲酒啖肉亦云老氏之

術也。然佛道以酒肉爲上戒。而反食穀。何其乖異乎。
牟子曰。衆道叢殘。凡有九十六種。憺怕無爲莫尚於佛。吾觀老氏上下之篇。聞其禁五味之戒。未覩其絕五穀之語。聖人制七典之文。無止糧之術。老子著五千之文。無辟穀之事。聖人云。食穀者智。食草者癡。食肉者悍。食氣者壽。世人不達其事。見六禽閉氣不息。秋冬不食。欲效而爲之。不知物類各自有性。猶磁石取鐵。不能移毫毛矣。
問曰。穀寧可絕不。牟子曰。吾未解大道之時。亦嘗學焉。辟穀之法。數千百術。行之無效。爲之無徵。故廢之耳。觀吾所從學師三人。或自稱七百五百三百歲。然吾從其學未三載間。各自殞沒。所以然者。蓋由絶穀不食。而啖百果。享肉則重盤。飲酒則傾罇。精亂神昏。穀氣不充。耳目迷惑。婬邪不禁。吾問其故何。答曰。老子云。損之又損。以至於無爲。徒當日損耳。然吾觀之。但日益而不損也。是以各不至知命而死矣。且堯舜周孔。各不能百載。而末世愚惑。欲服食辟穀。求無窮之壽。哀哉。

問曰。爲道之人。云能卻疾不病。弗御鍼藥而愈。信有之乎。何以佛家有病而進鍼藥耶。牟子曰。老子云。物壯則老。謂之不道。不道早已。唯有得道者。不生亦不壯。不壯亦不老。不老亦不病。不病亦不朽。是以老子以身爲大患焉。武王居病。周公乞命。仲尼有疾。子路請禱。吾見聖人皆有疾矣。未覩其無病也。神農嘗草。殆死者數十。黄帝稽首受鍼於岐伯。此之三聖。豈當不如今之道士乎。察省斯言。亦足以廢矣。

問曰。道皆無爲一也。子何以分别羅列。云其異乎。更令學者狐疑。僕以爲費而無益也。牟子曰。俱謂之草。衆草之性不可勝言。俱謂之金。衆金之性不可勝言。同類殊性。萬物皆然。豈徒道乎。昔楊墨塞羣儒之路。

車不得前。人不得步。孟軻闢之。乃知所從。師曠彈琴。俟知音之在後。聖人制法。冀君子之將覩也。玉石同匱。猗頓爲之於悒。朱紫相奪。仲尼爲之歎息。日月非不明。衆陰蔽其光。佛道非不正。衆私掩其公。是以吾分而別之。臧文之智。微生之直。仲尼不假者。皆正世之語。何費而無益乎。

問曰。吾子訕神仙。抑奇怪。不信有不死之道。是也。何爲獨信佛道當得度世乎。佛在異域。子足未履其地。目不見其所。徒觀其文而信其行。夫觀華者不能知實。視影者不能審形。殆其不誠乎。牟子曰。孔子曰。視其所以。觀其所由。察其所安。人焉廋哉。昔呂望周公問於施政。各知其後所以終。顏淵乘駟之日。見東野車之馭。知其將敗。子貢觀邾魯之會。而昭其所以喪。仲尼聞師曠之絃。而識文王之操。季子聽樂。覽衆國之風。何必足履目見乎。

問曰。僕嘗遊于闐之國。數與沙門道人相見。以吾事難之。皆莫對而詞退。多改志而移意。子獨難改革乎。

牟子曰。輕羽在高。遇風則飛。細石在谿。得流則轉。唯泰山不爲飄風動。磐石不爲疾流移。梅李遇霜而落葉。唯松柏之難彫矣。子所見道人。必學未洽。見未博。

故有屈退耳。以吾之頑。且不可窮。況明道者乎。子不自改。而欲改人。吾未聞仲尼追盜跖。湯武法桀紂者矣。

問曰。神仙之術。秋冬不食。或入室累旬而不出。可謂澹泊之至也。僕以爲可尊而貴。殆佛道之不若乎。牟子曰。指南爲北。自謂不惑。以西爲東。自謂不曚。以鴟梟而笑鳳凰。執螻蚓而調龜龍。蟬之不食。君子不貴。蛙蟒穴藏。聖人不重。孔子曰。天地之性。以人爲貴。不聞尊蟬蟒也。然世人固有啖菖蒲而棄桂薑。覆甘露而啜酢漿者矣。毫毛雖小。視之可察。泰山之大。背之不見。志有畱與不畱。意有銳與不銳。魯尊季氏。而卑仲尼。吳賢宰嚭。不肖子胥。子之所疑。不亦宜乎。

問曰。道家云。堯舜周孔七十二弟子。皆不死而仙。佛家云。人皆當死。莫能免。何哉。牟子曰。此妖妄之言。非聖人所語也。老子曰。天地尚不得長久。而況人乎。孔子曰。賢者避世。仁孝常在。吾覽六藝。觀傳記。堯有殂落。舜有蒼梧之山。禹有會稽之陵。伯夷叔齊有首陽之墓。文王不及誅紂而沒。武王不能待成王大而崩。周公有改葬之篇。仲尼有兩楹之夢。伯魚有先父之年。子路有葅醢之語。伯牛有亡命之文。曾參有啟足之詞。顏淵有不幸短命之記。苗而不秀之喻。皆著在經典。聖人至言也。吾以經傳爲證。世人爲驗。而云不死者。豈不惑哉。

問曰。子之所解。誠悉備焉。固非僕等之所聞也。然子所理。何以止著三十七條。亦有法乎。牟子曰。夫轉蓬漂而車輪成。窊木流而舟檝設。蜘蛛布而罻羅陳。鳥跡見而文字作。故有法成易。無法成難。吾覽佛經之要。有三十七品。老氏道經。亦三十七篇。故法之焉。於是惑人聞之。踧然失色。叉手避席。逡巡俯伏曰。鄙人矇瞽。生於幽仄。敢出愚言。弗慮禍福。今也聞命。霍如湯雪。請得革情。洒心自敕。願受五戒。作優婆塞。

正誣論 未詳作者

有異人者誣佛曰。尹文子有神通者。愍彼胡狄。胡狄父子聚麀。貪婪忍害。昧利無恥。侵害不厭。屠裂羣生。不可遜讓厲。不可談議喻。故具諸事云云。又令得道弟子變化云云。又禁其殺生。斷其婚姻。使無子孫。伐胡之術。孰良於此云云。

正曰。誣者既云無佛。復云文子有神通。復云有得道弟子。能變化恢廓盡神妙之理。此眞有胃無心之語也。夫尹文子卽老子弟子也。老子卽佛弟子也。故其經云聞道竺乾有古先生善入泥洹不始不終永存緜緜竺乾者天竺也泥洹者梵語晉言無爲也若佛不先老子何得稱先生老子不先尹文何故請道德之經耶以此推之佛故文子之祖宗衆聖之元始也安有弟子神化而師不能乎且夫聖之宰世必以道莅之遠人不服則綏以文德不得已而用兵耳將以除暴止戈拯濟羣生行小殺以息大殺者也故春秋之世諸侯征伐動仗正順敵國有釁必鳴鼓以彰其過總義兵以臨罪人不以闇昧而行誅也故服則柔而撫之不苟淫刑極武勝則以喪禮居之殺則以悲

哀泣之。是以深貶誘執。大杜絶滅之源。若懷惡而討不義。假道以成其暴。皆經傳變文。譏貶累見。故會宋之盟。抑楚而先晉者。疾衷甲之詐。以崇咀信之美也。夫敵之怨惠。不及後嗣。惡止其身。四重罪不濫。此百王之明制。經國之令典也。至于季末之將。佳兵之徒。患道薄德衰。始任詐力。競以譎詭之計。濟殘賊之心。野戰則肆鋒極殺。屠城則盡坑無遺。故白起刎首於杜郵。董卓屠身於宮門。君子知其必亡。舉世哀其灰戮。兵之弊也。遂至於此。此爲可痛心而長歎者矣。何有聖人而欲大縱陰毒。翦絶黎元者哉。且十室容賢。

而況萬里之廣。重華生於東夷。文命出乎西羌。聖哲所興。豈有常地。或發音於此。默化於彼。形教萬方。而理運不差。原夫佛之所以夷跡於中岳。而曜奇於西域者。蓋有至趣。不可得而縷陳矣。豈有聖人疾敵之强。而其欲覆滅。使無孑遺哉。此何異氣厲殷流。不蠲良淑。縱火中原。蘭蕕俱焚。桀紂之虐。猶將不然乎。縱令胡國信多惡逆。以暴易暴。又非權通之旨也。引此爲辭。適足肆謗言。眩愚竪。豈允情合義。有心之難乎。又誣云。尹文子欺之天有三十二重云云。又妄牽樓炭經云。諸天之宮廣長二十四萬里。面開百門。門廣萬里云云。

正曰。佛經說天地境界高下階級。悉條貫部分。敘而有章。而誣者或附著生長。枉造僞說。或顚倒淆亂。不得要實。何有二十四萬里之地。而容四百萬里之門乎。以一事覆之。足明其錯謬者多矣。臧獲牧豎猶將知其不然。況有識乎。欲以見博。祇露其愚焉。

又誣云。佛亦周徧五道。備犯衆過。行凶惡猶得佛。此非怖爲惡者之法也。又計生民善者少而惡者多。惡人死輒充六畜爾。則開闢至今足爲久矣。今畜宜居十分之九。而人種已應希矣。

正曰。誠如所言。佛亦曾爲惡耳。今所以得佛者。改惡從善故也。若長惡不悛。迷而後遂往。則長夜受苦。輪轉五道。而無解脱之由矣。今以其能掘衆惡之栽。滅三毒之燼。修五戒之善。盡十德之美。行之累劫。倦而不已。曉了本際。暢三世空。故能解生死之虚。外無爲之場耳。計天下蜫蟲之數。不可稱計。人本之在九州之内。若毫末之在馬體。十分之九。豈可言哉。故天地之性。以人爲貴。榮期所以自得於三樂。達貴賤之分明也。今更不復自賴於人類。不醜惡於畜生。以蒭水爲甘膳。以羈絡爲非適。安則爲之。無所多難也。

又誣云有無靈下經無靈下經妖怪之書耳非三墳五典訓誥之言也通才達儒所未究覽也三曾五祖之言又似解奏之文此殆不詰而虛妄自露矣今且聊復應之凡俗人常謂人死則滅無靈無鬼然則無靈則無天曹無鬼則無所收也若子孫奉佛而乃追譴祖先祖先或是賢人君子平生之時未必與子孫同事而天曹便收伐之令顏冉之尸羅枉戮之痛仁慈祖考加虐毒於貴體此豈聰明正直之神乎若其非也則狐狢魍魎淫癘之鬼何能反制仁賢之靈而困禁戒之人乎以此爲誣鄙醜書矣

又誣云。道人聚斂百姓。大搆塔寺。華飾奢侈。靡費而無益云云。

正曰。夫教有深淺。適時應物。悉已備於首論矣。請復伸之。夫恭儉之心。莫過堯舜。而山龍華蟲黼黻絺繡。故傳曰。錫鸞和鈴。昭其聲也。三辰旂旗。昭其明也。五色比象。昭其物也。故王者之居。必金門玉陛。靈臺鳳闕。將使異乎凡庶。令貴賤有章也。夫人情從所覩而興感。故聞鼓鼙之音。覩羽旄之象。則思將帥之臣。聽琴瑟之聲。觀庠序之儀。則思朝廷之臣。遷地易觀。則情貌俱變。今悠悠之徒。見形而不及道者。莫不貴崇高而忽仄陋。是以諸奉佛者。仰慕遺跡。思存髣髴。故銘列圖像。致其虔肅。割捐珍玩。以增崇靈廟。故上士遊之。則忘其罣筌。取諸遠味。下士遊之。則美其華藻。玩其炳蔚。先悅其耳目。漸率以義方。三塗汲引。莫有遺逸。猶器之取水。隨量多少。唯穿底無當。乃不受耳。又專誣以禍福爲佛所作。可謂元不解矣。聊復釋之。

夫吉凶之與善惡。猶影響之乘形聲。自然而然。不得相免也。行之由己。而理玄應耳。佛與周孔。但共明忠孝信順。從之者吉。背之者凶。示其渡水之方。則使貲舟檝。不能令步涉而得濟也。其誨人之法。救厄死之術。亦猶神農唱粒食以充饑虛。黃帝垂衣裳以禦寒暑。若閉口而望飽。裸袒以求温。不能强與之也。夫扁鵲之所以稱良醫者。以其應疾投藥。不失其宜耳。不責其令有不死之民也。且扁鵲有云。吾能令當生者不死。不能令當死者必生也。若夫爲子則不孝。爲臣則不忠乎。守膏肓而不悟。進良藥而不御。而受禍臨死之日。更多咎聖人。深恨良醫。非徒東走。其勢投穽矣。

又誣云。沙門之在京洛者多矣。而未曾聞能令主上延年益壽。上不能調和陰陽。使年豐民富。消災卻疫。

克靜禍亂云云。下不能休糧絶粒。呼吸清醇。扶命度厄。長生久視云云。

正曰。不然。莊周有云。達命之情者。不務命之所無奈何。審期分之不可遷也。若令性命可以智德求之者。則發旦二子。足令文父致千齡矣。顏子死。則稱天喪予。惜之至也。無以延之耳。且陰陽數度。期運所當。百六之極。有時而臻。故堯有滔天之洪。湯有赤地之災。涿鹿有漂櫓之血。阪泉有橫野之屍。何不坐而消之。救其未然耶。且夫熊經鳥曳。導引吐納。輟黍稷而御英蘂。吸風露以代餱糧。俟此而壽。有待之倫也。斯則有時可天。不能無窮者也。沙門之視松喬。若未孩之兒耳。方將抗志於二儀之表。延祚於不死之鄉。豈能屑心營近。與涓彭爭長哉。難者苟欲騁飾非之辯。立距諫之強。言無節奏。義無宮商。嗟夫。北里之亂雅。惡緣之奪黃也。其餘噪之音。曾無紀綱。一遵先師不答之章。

又誣云。漢末有笮融者。合兵依徐州刺史陶謙。謙使之督運。而融先事佛。遂斷盜官運。以自利入。大起佛寺云云。行人悉與酒食云云。後爲劉繇所攻見殺云云。

正曰。此難不待繩約而自縛也。夫佛教率以慈仁不殺。忠信不慾。廉貞不盜爲首。老子云。兵者不祥之器。邇者凶。而融阻兵安忍。結附寇逆。犯殺一也。受人使命。取不報主。犯欺二也。斷割官物以自利入。犯盜三也。佛經云。不以酒爲惠施。而融縱之。犯酒四也。諸戒盡犯。則動之死地矣。譬猶吏人解印脫冠而橫道肆暴。五尺之童。皆能制之矣。笮氏不得其死。適足助明爲惡之獲殃耳。

又誣云。石崇奉佛亦至。而不免族誅云云。

正曰。石崇之爲人。余所悉也。憍盈耽酒。放僭無度。多藏厚斂，不恤惇獨，論才則有一劄之利，計德則盡無取焉。雖託名事佛，而了無禁戒，卽如世人貌清心穢，色厲內荏，口詠禹湯，而行偶桀跖，自貽伊禍，又誰之咎乎。

又誣云：周仲智奉佛亦精進，而竟復不蒙其福云云。

正曰：尋斯言，似乎幸人之災，非通言也。仲智雖有好道之意，然意未受戒爲弟子也。論其率情亮直，具涉儁上，自是可才，而有强梁之累，未合道家嬰兒之旨矣。以此而遇忌勝之雄，喪敗理耳。縱如難者之言，精進而遭害者有矣。此何異顏項夙夭，夷叔餧死，比干盡忠而陷割心之禍。申生篤孝而致雉經之痛。若此之比。不可勝言。孔子云。仁者壽。義者昌。而復或有不免。固知宿命之證。至矣信矣。

又誣云。事佛之家。樂死惡生。屬纊待絶之日。皆以爲福祿之來。無復哀慼之容云云。

正曰。難者得無隱心而居物。不然。何言之逆乎。夫佛經自謂得道者。能玄同彼我。渾齊修短。涉生死之變。泯然無槩。步禍福之地。而夷心不怛。樂天知命。安時處順耳。其未體之者。哀死愼終之心。乃所以增其篤也。故有大悲弘誓之義。雖人之喪。猶如哀矜。以德報怨不念舊惡。況乎骨肉之痛。情隆自然者。而可以無哀慼之心者哉。夫愛親者。不敢惡於人。恐疇己之深也。逆情違道。於斯見矣。

弘明集卷第一

音釋

秣莫撥切音末食馬穀也又地名丹陽郡有秣陵縣 頰古協切音莢面旁也 綌乞逆切音隙粗葛也精曰絺粗曰綌 謚神至切音示行之迹也靜也 綖夷然切音延冕前後垂覆也 頨紕延切音翩頭姸也 攘如陽切音穰推也又除也攘攘袂猶今人云攘臂 捽昨沒切存入聲持頭髮也 㓟攀麋切音披刀析也剝也又音皮義同 厖莫江切音尨厚也大也有也民生敦厖言人生聚豐厚大有也又通作蒙 紿徒亥切音殆疑也欺也 麏君筠切音麕鹿屬 鱠

古外切音膾細切肉也　鞅央倚兩切音怏頸組也牛羈也又音央　猚儒佳切音猚草木花垂貌　蹀躞音牒燮行貌履也蹈也　躡昵輒切音聶登也攝也　浹即協切音浹徹也又通作挾　尉紆胃切音尉捕鳥網也鳩化爲鷹然後設尉羅　麀於尤切音憂牝鹿也　鼙駢迷切音崥騎鼓也又與琵通　艥卽涉切音接舟櫂也　惸渠營切音瓊窮憂也獨也單獨之民窮而無告也

弘明集卷第二

梁楊都建初寺釋僧祐集

明佛論一名神不滅論　　宋宗炳

夫道之至妙。固風化宜尊。而世多誕佛。咸以我躬不閲。遑恤于後。萬里之事。百年以外。皆不以爲然。況須彌之大。佛國之偉。精神不滅。人可成佛。心作萬有。諸法皆空。宿緣緜邈。億劫乃報乎。此皆英奇超洞。理信事實。黄華之聽。豈納雲門之調哉。世人又貴周孔書典。自堯至漢。九州華夏。曾所弗暨。殊域何感。漢明何德而獨昭靈彩。凡若此情。又皆牽附先習。不能曠以玄覽。故至理匪遐而疑以自沒。悲夫。中國君子明於禮義而闇於知人心。寧知佛心乎。今世業近事謀之不臧。猶興喪及之。況精神作哉。得焉則淸升無窮。失矣則永墜無極。可不臨深而求履薄而慮乎。夫一局之奕。形算之淺。而奕秋之心何嘗有得。而乃欲率井蛙之見。妄抑大猷。至獨陷神於天穽之下。不以甚乎。今以茫昧之識。燭幽冥之故。旣不能自覽鑒於所失。何能獨明於所得。唯當明精闇向。推夫善道。居然宜修。以佛經爲指南耳。彼佛經也。包五典之德。深加遠大之實。含老莊之虛。而重增皆空之盡。高言實理。肅焉感神。其映如日。其清如風。非聖誰說乎。謹推世之所見而會佛之理爲明。論曰。今自撫踵至頂以去陵虛。心往而勿已。則四方上下皆無窮也。生不獨造必傳所資。仰追所傳則無始也。奕世相生而不已則亦無竟也。是身也既日用無垠之實。親由無始而來又將傳於無竟而去矣。然則無量無邊之曠。無始無終之久。人固相與陵之以自敷者也。是以居赤縣於八極。曾不疑焉。今布三千日月。羅萬二千天下。恆沙閱國界。飛塵紀積劫。普冥化之所容。俱眇末其未央。何獨安我而疑彼哉。夫秋毫處滄海。其懸猶有極也。今綴彝倫於太虛爲藐胡可言哉故世之所大道之所小人之所遐天之所邇所謂軒轅之前遐哉邈矣者體天道以高覽蓋昨日之事耳書稱知遠不出唐虞春秋屬辭盡於王業禮樂之良敬詩易之溫潔今於無窮之中煥三千日月以列照麗萬二千天下以貞觀乃知周孔所述蓋於蠻觸之域應求治之麤感且寧乏於一生之内耳逸乎生表者存而未論也若不然也何其篤於爲始形而略於爲終神哉登蒙山而小魯登太山而小天下是其際矣且又墳典已逸俗儒所編專在治跡言有出於世表或散沒於史策或

絶滅於坑焚。若老子莊周之道。松喬列眞之術。信可以洗心養身。而亦皆無取於六經。而學者唯守救麤之闕文。以書禮爲限斷。聞窮神積劫之遠化。炫目前而永忽。不亦悲夫。嗚呼。有似行乎曆雲之下。而不信日月者也。今稱一陰一陽之謂道。陰陽不測之謂神者。蓋謂至無爲道。陰陽兩渾。故曰一陰一陽也。自道而降。便入精神。常有於陰陽之表。非二儀所究。故曰陰陽不測耳。君平之説一生二。謂神明是也。若此二句皆以明無。則以何明精神乎。然羣生之神。其極雖齊。而隨緣遷流。成麤妙之識。而與本不滅矣。今雖舜生於瞽。舜之神也。必非瞽之所生。則商均之神。又非舜之所育。生育之前。素有麤妙矣。既本立於未生之先。則知不滅於既死之後矣。又不滅則不同。愚聖則異。知愚聖生死不革不滅之分矣。故云精神受形。周徧五道。成壞天地。不可稱數也。夫以累瞳之質。誕于頑瞽。嚚均之身。受體黄中。愚聖天絶。何數以合乎。豈非重華之靈。始麤於在昔。結因往劫之先。緣會萬化之後哉。今則獨絶其神。昔有接麤之累。則練之所盡矣。神之不滅。及緣會之理。積習而聖。三者鑒於此矣。若使形生則神生。形死則神死。則宜形殘神毁。形病神困據有腐敗其身或屬纊臨盡而神意平全者及自牖執手病之極矣而無變德行之主斯殆不滅之驗也若必神生於形本非緣合今請遠取諸物然後近求諸身夫五嶽四瀆謂無靈也則未可斷矣若許其神則嶽唯積土之多瀆唯積水而已矣得一之靈何生水土之麤哉而感託巖流肅成一體設使山崩川竭必不與水土俱亡矣神非形作合而不滅人亦然矣神也者妙萬物而爲言矣若資形以造隨形以滅則以形爲本何妙以言乎夫精神四達並流無極上際於天下盤於地聖之窮機賢之研微逮于宰賜

莊嵇吳札子房之倫精用所之皆不疾不行坐徹宇宙而形之臭腐甘嗜所貲皆與下愚同矣寧當復稟之以生隨之以滅耶又宜思矣周公郊祀后稷宗祀文王世或謂空以孝卽問談者何以了其必空則必無以了矣苟無以了則文稷之靈不可謂之滅矣齋三日必見所爲齋者寧可以常人之不見而斷周公之必不見哉嬴博之葬曰骨肉歸於土魂氣則無不之非滅之謂矣夫至治則天大亂滔天其要心神之爲也堯無理不照無欲不盡其神精也桀無惡不肆其神悖也桀非不知堯之善知已之惡惡已亡也體

之所欲。悖其神也。而知堯惡亡之識。常含於神矣。若使不居君位。千歲勿死。行惡則楚毒交至。微善則少有所寬。寧當復不稍滅其惡。漸修其善乎。則向者神之所含知堯之識。必當少有所用矣。又加千歲而勿已。亦可以其欲都澄遂精其神如堯者也。夫辰月變則律呂動。晦望交而蚌蛤應。分至啟閉而燕鴈龍蛇颯焉出沒者。皆先之以冥化而後發於物類也。凡厥羣有同見陶於冥化矣。何數事之獨然。而萬化之不盡然哉。今所以殺人而死。傷人而刑。及爲縲紲之罪者。及今則無罪。與今有罪而同然者。皆由冥緣前遘。

而人理後發矣。夫幽顯一也。釁遘於幽。而醜發於顯。既無怪矣。行凶於顯。而受毒於幽。又何怪乎。今以不滅之神。含知堯之識。幽顯於萬世之中。苦以創惡。樂以誘善。加有日月之宗。垂光助照。何緣不虛已鑽仰。一變至道乎。自恐往劫之桀紂。皆可徐成將來之湯武。況今風情之倫。少而汎心於清流者乎。由此觀之。人可作佛。其亦明矣。夫生之起也。皆由情兆。今男女構精。萬物化生者。皆精由情構矣。情構於已。而則百衆神受身。大似知情爲生本矣。至若五帝三后。雖超情窮神。然無理不順。苟昔緣所會。亦必循俯入精化。

相與順生而數萬族矣況今以情貫神一身死壞安得不復受一身生死無量乎識能澄不滅之本禀日損之學損之又損必至無爲無欲欲情唯神獨照則無當於生矣無生則無身無身而有神法身之謂也今黄帝虞舜姬公孔父世之所仰而信者也觀其縱轡升天龍潛鳥颺皮風起禾絶粒弦歌亦皆由窮神爲體故神功所應倜儻無方也今形理雖外當其隨感起滅亦必有非人力所致而至者河之出圖洛之出書蓂莢無栽而數玄珪不琢而成桑穀在庭倏然大拱忽爾以亡火流王屋而爲烏鼎之輕重大小皆

翕欻變化。感靈而作。斯實不思議之明類也。夫以法身之極靈。感妙衆而化見。照神功以朗物。復何奇不肆。何變可限。豈直仰陵九天。龍行九泉。吸風絶粒而已哉。凡厥光儀符瑞之偉。分身涌出。移轉世界。巨海入毛之類。方之黄虞姬孔。神化無方。向者衆瑞之晻曖顯没。既出形而入神。同惚怳而玄化。何獨信此而抑彼哉。冥覺法王。清明卓朗。信而有徵。不違顔咫尺。而昧者不知。哀矣哉。夫洪範庶徵休咎之應。皆由心來。逺白虹貫日。太白入昴。寒谷生黍。崩城隕霜之類。皆發自人情。而遠形天事。固相爲形影矣。夫形無無影聲無無響亦情無無報矣豈直貫日隕霜之類哉皆莫不隨情曲應物無遁形但或結於身或播於事交賒紛綸顯昧渺漫孰覩其際哉衆變盈世羣象滿目皆萬世已來精感之所集矣故佛經云一切諸法從意生形又云心爲法本心作天堂心作地獄義由此也是以清心潔情必妙生於英麗之境濁情滓行永悖於三塗之域何斯唱之迢遰微明有實理而直疏魂沐想飛誠悚志者哉雖然夫億等之情皆相緣成識識感成形其性實無也自有津悟已來孤聲豁然滅除心患未有斯之至也請又述而明之夫聖神

玄照而無思營之識者由心與物絕唯神而已故虛明之本終始常住不可彫矣今心與物交不一於神雖以顏子之微微而必乾乾鑽仰好仁樂山庶乎屢空皆心用乃識必用用妙接識識妙續如火之炎炎相即而成燗耳今以悟空息心心用止而情識歇則神明全矣則情識之構既新故妙續則悉是不一之際豈常有哉使庖丁觀之必不見全牛者矣佛經所謂變易離散之法法識之性空夢幻影響泡沫水月豈不然哉顏子知其如此故處有若無撫實若虛不見有犯而不校也今觀顏子之屢空則知其有之實

無矣況自茲以降喪眞彌遠雖復進趨大道而與東走之疾同名狂者皆違理謬感遁天妄行彌非眞有矣況又質味聲色復是情僞之所影化乎且舟壑潛謝變速奔電將來未至過去已滅見在不住瞬息之頃無一毫可據將欲何守而以爲有乎甚矣僞有之蔽神也今有明鏡於斯紛穢集之微則其照藹然積則其照胐然彌厚則照而昧矣質其本明故加穢猶照雖從藹至昧要隨鏡不滅以之辨物必隨穢彌失而過謬成焉人之神理有類於此僞有累神成精麤之識識附於神故雖死不滅漸之以空必將習漸至

盡而窮本神矣。泥洹之謂也。是以至言雲富從而豁以空焉。夫巖林希微風水爲虛盈懷而往猶有曠然。況聖穆乎空。以虛授人。而不淸心樂盡哉。是以古之乘虛入道。一沙一佛未詎多也。

或問曰。神本至虛。何故沾受萬有而與之爲緣乎。又本虛既均何故分爲愚聖乎。又既云心作萬有。未有萬有之時。復何以累心使感而生萬有乎。答曰。今神妙形麤而相與爲用。以妙緣麤則知以虛緣有矣。今愚者雖鄙。要能處今識昔在此憶彼。皆有神功。則練而可盡。知其本均虛矣。心作萬有備於前論。據見觀實。三者固已信然矣。但所以然者。其來無始。無始之始。豈有始乎。亦玄之又玄矣。莊周稱冉求問曰。未有天地可知乎。仲尼曰。古猶今也。蓋謂雖在無始之前。仰尋先際。初自茫渺。猶今之冉求耳。今神明始創。及羣生最先之祖。都自杳漠。非追想所及。豈復學者通塞所預乎。夫聖固凝廢感而後應耳。非想所及。卽六合之外矣。無以爲感。故存而不論。聖而弗論。民何由悟。今相與踐地戴天。而存踐戴之外。豈有紀極乎。禹之弼成五服。敷土不過九州者。蓋道世路所及者耳。至於大荒之表。暘谷濛汜之際。非復人理所預。則神聖已所不明矣。況過此彌往、渾瀚冥茫、豈復議其邊陲哉。今推所踐戴、終至所不議、故一體耳。推今之神、用求昔之所始。終至於聖人之所存而不論者。亦一理相貫耳。豈獨可議哉。皆由冥緣隨宇宙而無窮。物情所感者有限故也。夫衆心禀聖以成識。其猶衆目會日以爲見。離婁察秋毫於百尋者。貲其妙目。假日而覩耳。今布毫於千步之外。目力所覽。無假以見。而於察微避危無所少矣。何爲以千步所昧。還疑百尋之毫乎。今不達緣本。情感所覽。無以會聖。而知取至於致道之津。無所少矣。何爲以緣始之昧。還疑既明之化矣哉。

或問曰。今人云不解緣始。故不得信佛。此非感耶。聖人何以不爲明之。答曰。所謂感者。抱升之分。而理有未至。要當貲聖以通。此理之實感者也。是以樂身滯有。則朗以苦空之義。兼愛弗弘。則示以投身之慈。體非俱至。而三乘設。分業異修。而六度明。津梁之應。無一不足。可謂感而後應者也。是以聞道靈鷲。天人咸暢。造極者蔚如也。豈復遠疑緣始。然後至哉。理明訓足。如說修行。何所不備。而猶必不信。終懷過疑。於想所不及者。與將隕之疾。饋藥不服。流矢通中。忍痛不拔要求矢藥造構之始以致命絕夫何異哉皆由猜道自昔故未會無言致使今日在信妄疑耳豈可以爲實理之感哉非理妄疑之感固無以感聖而剋明矣夫非我求蒙蒙而求我固宜虛己及身隨順玄化誠以信往然後悟隨應來一悟所振終可遂至冥極守是妄疑而不歸純斂衽者方將長淪惑網之災豈有且期背向一差升墜天絕可不慎乎

或問曰孔氏之訓無求生以害仁有殺身以成仁仁之至也亦佛經說菩薩之行矣老子明無爲無爲之至也卽泥洹之極矣而曾不稱其神通成佛豈孔老

有所不盡。與明道欲以扇物而掩其致道之實乎。無實之疑。安得不生。答曰。教化之發。各指所應。世蕲乎亂。洙泗所弘。應治道也。純風彌彫。二篇乃作。以息動也。若使顔冉宰賜。尹喜莊周。外讚儒玄之跡。以導世情所極。內稟無生之學。以精神理之求。世孰識哉。至若冉季子游子夏子思孟軻。林宗康成蓋公嚴平。班嗣楊王之流。或分盡於禮教。或自畢於任逸。而無欣於佛法。皆其寡緣所窮。終無僭濫。故孔老發音指導。自斯之倫。感向所暨。故不復越叩過應。儒以弘仁。道在抑動。皆已撫教得崖。莫匪爾極矣。雖慈良無爲與佛說通流。而法身泥洹無與盡言。故弗明耳。且凡稱無爲而無不爲者。與夫法身無形普入一切者。豈不同致哉。是以孔老如來。雖三訓殊路。而習善共轍也。

或問曰。自三五以來。暨於孔老。洗心佛法。要將有人。而獻酬之跡。曾不乍聞者何哉。答曰。余前論之旨。已明俗儒。而編專在治跡。言有出於世表。或散沒於史策。或絕滅於坑焚。今又重敷所懷。夫三皇之書。謂之三墳。言大道也。爾時也。孝慈天足。豈復訓以仁義。純朴弗離。若老莊者。復何所扇。若不明神本於無生空衆性以照極者。復以何爲大道乎。斯文沒矣。世孰識哉。史遷之述五帝也。皆云生而神靈。或弱而能言。或自言其名。懿淵疏通。其知如神。旣以類夫大乘菩薩。化見而生者矣。居軒轅之丘。登崆峒。陟凡岱。幽陵蟠木之遊。邈跡超浪。何以知其不由從如來之道哉。以五帝之長世。堯治百年。舜則七十。廣成大隗鴻崖巢許夸父北人姑射四子之流。玄風畜積。洋溢於時。而五典餘類。唯唐虞二篇。而至寡闕。子長之記。又謂百家之言黃帝。文不雅馴。搢紳難言。唯採殺伐治跡。猶萬不記一。豈至道之盛。不見於殘缺之篇。便當皆虛妄哉。今以神明之君。遊浩然之世。擕七聖於具茨。見神人於姑射。一化之生。復何足多談。微言所精。安知非窮神億劫之表哉。廣成之言曰。至道之精。窈窈冥冥。即首楞嚴三昧矣。得吾道者。上爲皇。下爲王。即亦隨化升降。爲飛行皇帝。轉輪聖王之類也。失吾道者。上見光。下爲土。亦生死於天人之界者矣。感大隗之風。稱天師而退者。亦十號之稱矣。自恐無生之化。皆道深於若時。業流於玄勝。而事沒振古。理隱文翳。故百家所攄。若曉而昧。又搢紳之儒。不謂雅馴。遂令徇世而不深於道者。仗史籍而抑至理。從近情而忽遠化。困精神於永劫。豈不痛哉。伯益述山海。天毒之國偎人而愛人。郭璞傳。古謂天毒卽天竺。浮屠所興。偎愛之義。亦如來大慈之訓矣。固亦旣聞於三五之世也。國典弗傳。不足疑矣。凡三代之下。及孔老之際。史策之外。竟何可量。孔之問禮。老爲言之。關尹之求。復爲明道。設使二篇或沒。其言獨存於禮記。後世何得不謂柱下翁直是知禮老儒。豈不體於玄風乎。今百代衆書飄蕩於存亡之後。理無備在。豈可斷以所見絶獻酬於孔老哉。東方朔對漢武劫燒之說。劉向列仙敘七十四人在佛經。學者之管窺於斯。又非漢明而始也。但馳神越世者衆而顯。結誠幽微者寡而隱。

故潛感之實，不揚於物耳。道人澄公，仁聖於石勒虎之世，謂虎曰：臨淄城中有古阿育王寺處，猶有形像承露盤，在深林巨樹之下，入地二十丈。虎使者依圖搜求，皆如言得。近姚略叔父爲晉王，於河東蒲坂古老所謂阿育王寺處，見有光明，鑿求得佛遺骨於石函銀匣之中，光曜殊常，隨路迎覲於灞上，比丘今見存辛寺。由此觀之，有佛事於齊晉之地久矣哉。所以不說於三傳者，亦猶于寶孫盛之史，無語稱佛，而妙化實彰，有晉而盛於江左也。

或問曰：若諸佛見存，一切洞徹，而威神之力，諸法自在何爲不曜光儀於當今使精麤同其信悟灑神功於窮迫以拔寃枉之命而令君子之流於佛無覩故同其不信俱陷闡提之苦秦趙之衆一日之中白起項籍坑六十萬夫古今彝倫及諸受坑者誠不悉有宿緣大善盡不覩無一緣而悉積大惡而不覩佛之悲一日俱坑之痛慭然畢同坐視窮酷而不應何以爲慈乎緣不傾天德不邈世則不能濟何以爲神力自在不可思議乎魯陽迴日耿恭飛泉宋九江虎遠江而蝗避境猶皆心力橫徹能使非道玄通況佛神力融起之氣洽籍之心以活百萬之命殊易夫納須

彌於芥子甚仁於毀身乎一虎一鴿矣而今想焉而弗見告焉而弗聞請之而無救寂寥然與大空無別而於其中有作沙門而燒身者有絕人理而翦六情者有苦力役傾貲寶而事廟像者頓奪其當年而不見其所得吁可惜矣若謂應在將來者則向六十萬命善惡不同而枉滅同矣命善惡雖異身後所當獨何得異見世殊品旣一不蒙甄別將來浩蕩爲欲何望況復恐實無將來乎經云足指按地三千佛土皆見及盲聾瘖瘂牢獄毒痛皆得安寧夫佛遠近存亡有戒無戒等以慈焉此之有心宜見苦痛宜寧與彼

一矣而經則快多是語實則竟無暫應安知非異國有命世逸羣者構此空法以脅暴翼善交言有微遠之情事有澄肅之美純而易信者一已輸身遂相承於不測而勢無止薄乎答曰今不覩其路故於夷謂險誠瞰其塗則不見所難矣夫常無者道也唯佛則以神法道故德與道爲一神與道爲二二故有照以通化一故常因而無造夫萬化者固各隨因緣自作於大道之中矣今所以稱佛云諸法自在不可思議者非曰爲可不由緣數越宿命而橫濟也蓋衆生無量神功所導皆依崖曲暢其照不可思量耳譬之洪

水四凶嚚頑象傲皆化之固然堯舜弗能易矣而必各依其崖涘水流凶允若克諧其德豈不大哉夫佛也者非他也蓋聖人之道不盡於濟生之俗敷化於外生之世者耳至於因而不爲功自物成直堯之殊應者耳夫鍾律感類猶心玄會況夫靈聖以神理爲類乎凡厥相與冥遘於佛國者皆其烈志清神積劫增明故能感詣洞徹致使釋迦發暉十方交映多寶涌見燈王入室豈佛之獨顯乎哉能見矣至若今之君子不生應供之運而域乎禹績之內皆其誠背于昔故會乖于今雖復清若夷齊貞如柳季所志苟殊

復何由感而見佛乎況今之所謂或自斯已還雖復禮義熏身高名馥世而情深於人志不附道雖人之君子而實天之小人靈極之容復何由感應豈佛之偏隱哉我弗見矣若或有隨緣來生而六度之誠發自宿業感見獨朗亦當屢有其人然雖道俗比肩復何由相知乎然則麤妙在我故見否殊應豈可以已之不曜於光儀而疑佛不見存哉夫天地有靈精神不滅明矣今秦趙之衆其神與宇宙俱來成敗天地而不滅起籍二將豈得頓滅六十萬神哉神不可滅則所滅者身也豈不皆如佛言常滅羣生之身故其

身受滅。而數會於起籍乎。何以明之。夫乾道變化各正性命。至於雞豕犬羊之命。皆乾坤六子之所一也。民之咀命充身暴同蛛蝥爲網矣。鷹虎非搏噬不生。人可飯蔬而存。則虐已甚矣。天道至公。所希者命。寧當許其虐命而抑其冥應哉。今六十萬人。雖當美惡殊品。至於忍咀羣生。恐不異也。美惡殊矣。故其生之所享。固可實殊。害生同矣。故受害之日。固亦可同。今道家之言。世之所述。無以云焉。至若于公。邴吉虞怡。德應于後。嚴延年田蚡晉宣。殺報交驗。皆書於漢魏。世所信覩。夫活人而慶流子孫。況精神爲殺活之主。

無殃慶於後身乎殺活彼身必受報己身況通塞彼
神而不榮悴於己神乎延年所殺皆凡等小人賓嬰
王陵宰牧之豪賢否殊貴賤異其致報一也報之所
加不論豪賤將相晉王不二矣豈非天道至平才與
不才亦各其子理存性命不在貴賤故耶然則肫魚
雖賤性命各正於乾道矣觀大鳥之迴翔小鳥之啁
噍嶲盧所聽之牛西巴所感之鹿情愛各深於其類
矣今有孕婦稚子於斯而有刳而剔之燔而炙之者
則謂寃痛之殃上天所感矣今春獵胎孕燔蒩羔雛
亦天道之所一也豈得獨無報哉但令相與理緣於

飲血之世畋漁非可頓絶是以聖王庖廚其化蓋順民之殺以減其害踐庖聞聲則所不忍因豺獺以爲節疾非時之傷孕解罝而不網明含氣之命重矣孟軻擊賞於釁鐘知王德之去殺矣先王撫麤救急故雖深其仁不得頓苦其禁如來窮神明極故均重五道之命去殺爲衆戒之首萍沙見報於白兔釋氏受滅於昔魚以示報應之勢皆其窈窕精深迂而不昧矣若在往生能聞於道敬修法戒則必不墜長平而受坑馬服矣及在既墜信法能徹必超今難若緣釁先重雖有前報及戒德後臻必不復見坑來身矣所

謂灑神功於窮迫以拔寃枉之命者。其道如斯。慈之至矣。今雖有世美而無道心。犯害衆命。以報就迫理之常也。佛乘理居當。而救物以法。不蹈法則理無横濟。豈佛無實乎。譬之扁鵲救疾以藥。而不信不服疾之不瘳。豈鵲不妙乎。魯陽耿恭。遠祖九江。所以能迴日飛泉。蝗虎避德者。皆以烈誠動乎神道。神道之感。卽佛之感也。若在秦趙。必不陷於難矣。則夫陷者皆已無誠。何由致感於佛而融冶起籍哉。夫以通神之衆。萃窮化之堂。故須彌可見於芥子之內耳。又雖今則虎鴿。昔或爲人。嘗有緣會。故値佛嘉運投身濟之。

割股代之苟無感可動以命償殺融冶之奇安得妄作吹萬之死咸其自已而疑佛哉夫志之篤也則想之而見告之斯聞矣推周孔交夢傳說形求實至古今悠隔傳巖遐阻而玄對無礙則可以信夫潔想西感覩無量壽佛越境百億超至無功何云大空無別哉夫道在練神不由存形是以沙門祝形燒身厲神絶往神不可滅而能奔其往豈有負哉契闊人理崎嶇六情何獲於我而求累於神誠自翦絶則日損所情實漸於道苦力策觀傾貲貿居未幾有之俄然身滅名實所收不出盜跨構館栖神象淵然幽穆形從

其微。神隨之遠。微則應淸。遠則福妙。盜跨與道孰爲優乎。頓奪其當年所以超升。潛行協於神明。福德彰於後身。豈能見其所得哉。夫人事之動。必貫神道。物無妄然。要當有故而然矣。若使幽冥之報。不如向論。則六十萬命何理以坑乎。既以報坑。必以報不坑矣。今戰國之人。眇若安期。幽若四皓。龍顏而帝。列地而君。英聲茂實。不可稱數。同在羿之彀中。獨何然乎。豈不各是前報之所應乎。既見福成於往行。則今行無負於後身明矣。見世殊品。既宿命所甄。則身後所當獨何容濫。經之所寄。自謂當佛化見之時。皆由素有嘉會故其遇若彼今曾無暫應皆咎在無緣而反誣至法空搆嗚呼神鑒孔昭侮聖人之殃亦可畏也敢問空搆者將聖人與賢人與小人與夫聖無常心蓋就物之性化使遂耳若身死神滅但當一以儒訓盡其生極復何事哉而誑以不滅欺以成佛使燒祝髮膚絕其胖合所遏苗裔數不可量且夫彥聖育無常所或潛有塞矣空搆何利而其毒大苦知非聖賢之爲矣若人哉樊須之流也則亦斂身周孔畏懼異端敢妄作哉若自茲已降則不肖之倫也又安能立家九流之外增徽老莊之表而昭列於千載之後龍樹

提婆馬鳴迦旃延法勝山賢達摩多羅之倫曠載五百仰述道訓大智中百論阿毗曇之類皆神通之才也近孫綽所頌耆域健陀勒等八賢支道林像而讚者竺法護于法蘭道邃闕公則皆神映中華中朝竺法行時人比之樂令江左尸黎蜜羣公高其卓朗郭文舉廓然邃允而所奉唯佛凡自龍樹以還寧皆失身於向所謂不肖者之詫乎然則黃面夫子之事豈不明明也哉今影骨齒髮遺器餘武猶光於本國此亦道之證也夫殊域之性多有精察黠才而嗜欲類深皆以厥祖身立佛前累葉親傳世祇其實影跡遺

事昭化融顯。故其裔王則傾國奉戒。四衆苦徹死而無悔。若理之詭曖。事不實奇。亦豈肯傾已破欲。以尊無形者乎。若影物無實。聲出來往。則古今來者何爲苦身離欲若是之至。往而反者。宜其沮懈。而類皆更篤乎。麤可察矣。論曰。夫自古所以不顯治道者。將存其生也。而苦由生來。昧者不知矣。故諸佛悟之以苦。導以無生。無生不可頓體。而引以生之善惡。同善報而彌升。則朗然之盡可階焉。是以其道浩若滄海。小無不津。大無不通。雖邈與務治存生者反。而亦固陶潛五典。勸佐禮教焉。今世之所以慢禍福於天道者。

類若史遷感伯夷而慨者也夫孔聖豈妄說也哉稱積善餘慶積惡餘殃而顏冉夭疾厥胄蔑聞商臣考終而莊則賢霸凡若此類皆理不可通然理豈有無通者乎則納慶後身受殃三塗之說不得不信矣雖形有存亡而精神必應與見世而報夫何異哉但因緣有先後故對至有遲速猶一生禍福之早晚者耳然則孔氏之訓資釋氏而通可不曰玄極不易之道哉夫人理飄紛存沒若幻籠以百年命之孩老無不盡矣雖復黃髮鮐背猶自覺所經俄頃況其短者乎且時則無止運則無窮既往積劫無數無邊皆一瞬

一閱以及今耳今積瞬以至百年曾何難及而又鮮克半焉夫物之媚於朝露之身者類無清遐之實矣何爲甘臭腐於漏刻以枉長存之神而不自疏於遐遠之風哉雖復名法佐世之家亦何獨無分於大道但宛轉人域囂於世路故唯覺人道爲盛而神想蔑如耳若使迴身中荒升岳遐覽妙觀天宇澄肅之曠日月照洞之奇寧無列聖威靈尊嚴乎其中而唯唯人羣悤悤世務而已哉固將懷遠以開神道之想感寂以昭明靈之應矣昔仲尼修五經於魯以化天下及其眇邈太蒙之顛而天下與魯俱小豈非神合於

八遐故超於一世哉然則五經之作蓋於俄頃之間應其所小者耳世又何得以格佛法而不信哉請問今之不信爲謂黔首之外都無神明耶爲之亦謂有之而直無佛乎若都無神明唯人而已則誰命玄鳥降而生商孰遺巨跡感而生棄哉漢魏晉宋咸有瑞命故知視聽之表神道炳焉有神理必有妙極得一以靈非佛而何夫神也者依方玄應不應不預存從實致化何患不盡豈須詭物而後訓乎然則其法之實其教之信不容疑矣論曰羣生皆以精神爲主故於玄極之靈咸有理以感堯則遠矣而百獸儛德豈

非感哉則佛爲萬感之宗焉日月海嶽猶有朝夕之禮秩望之義況佛之道衆高者窮神於生表中者受身於妙生下則免夫三趣乎今世教所弘致治於一生之内夫玄至者寡順世者衆何嘗不相與唯習世情而謂死則神滅乎是以不務邈志淸遐而多循情寸陰故君子之道鮮焉若鑒以佛法則厥身非我蓋一憩逆旅耳精神乃我身也廓長存而無已上德者其德之暢於已也無窮中之爲美徐將淸升以至盡下而惡者方有自新之迴路可補過而上遷是以自古精麤之中潔已懷遠祇行於今以擬來業而邁至

德者不可勝數。是佛法之效矣。此皆世之所壅。佛之所開。其於類豈不曠然融朗。妙有通塗哉。若之何忽而不奉乎。夫風經炎則暄。吹林必涼。淸水激濁澄石必明。神用得喪。亦存所託。今不信佛法。非分之必然。蓋處意則然。誠試避心世物。移映淸微。則佛理可明。事皆信矣。可不妙處其意乎。賓此明信已往。終將克王神道。百世先業。皆可幽明。永濟孝之大矣。衆生沾仁慈之至矣。凝神獨妙。道之極矣。洞朗無礙。明之盡矣。發軫常人之心。首路得轍。縱可多歷劫數。終必逕集玄極。若是之奇也。等是人也。背轍失路。蹭蹬長往。

而永沒九地可不悲乎若不然也世何故忽生懿聖復育愚鄙上則諸佛下則蜎飛蠕動乎皆精神失得之勢也今人以血身七尺死老數紀之內既夜消其半矣喪疾衆故又苦其半生之美盛榮樂得志盖亦幾何而壯齒不居榮必懼辱樂實連憂亦無全泰而皆競入流俗之險路諱陟佛法之曠塗何如其智也世之以不達緣本而悶於佛理者誠亦衆矣夫緣起浩汗非復追想所及失得所關無理以感即六合之外故佛存而不論已具前論請復循環而伸之夫聖人之作易天之垂象吉凶治亂其占可知然原其所

以然之狀聖所弗明則莫之能知今以所莫知廢其可知逆占違天而動豈有不亡者乎不可以緣始弗明而背佛法亦猶此也又以不憶前身之意謂神不素存夫人在胎孕至於孩齔不得謂無精神矣同一生之內耳以今思之猶冥然莫憶況經生死歷異身昔憶安得不亡乎所憶亡矣而無害神之常存則不達緣始何妨其理常明乎子路問死子曰未知生安知死問事鬼神則曰未知事人焉知事鬼豈不以由也盡於好勇篤於事君固宜應以一生之內至於生死鬼神之本雖曰有問非其實理之感故性與天道

不可得聞。佛家之說。衆生有邊無邊之類十四問。一切智者皆置而不答。誠以答之無利益。則墮惡邪。然則稟聖奉佛之道。固宜謝其所絕。餐其所應。如渴者飲河。挹洪流以盈己。豈須窮源於崑山哉。凡在佛法。若違天礙理。不可得然。則疑之可也。今無不可得然之礙。而有順天淸神之實。豈不誠然哉。夫人之生也。與憂俱生。患禍發於時事。災沴奮於冥昧。雖復雅貴連雲。擁徒百萬。初自獨以形神。坐待無常。家人嗃嗃。婦子嘻嘻。俄復淪爲惚怳。人理曾何足恃。是以過隙宜競。賒謗冥化。縱欲侈害。神旣無滅。求滅不得。復當乘罪受身。今之無賴羣生蟲豸萬等。皆殷鑒也。爲之謀者。唯有委誠信佛。託心履戒。以援精神。生蒙靈援。死則淸升。淸升無已。遂將作佛。佛固言爾。而人侮之。何以斷人之勝佛乎。其不勝也。當不下墜彼惡永受其劇乎。嗚呼。六極苦毒而生者。所以世無已也。所聞所見精進而死者。臨盡類多神意安定有危迫者。一心稱觀世音略無不蒙濟。皆向所謂生蒙靈援。死則淸升之符也。夫萬乘之主。千乘之君。日昃不遑食。兆民賴之於一化內耳。何以增茂其神。而王萬化乎。今依周孔以養民。味佛法以養神。則生爲明后。沒爲明神而常王矣。如來豈欺我哉。非崇塔侈像容養濫吹之僧。以傷財害民之謂也。物之不窺遠實而覩近弊。將橫以謗法矣。蓋尊其道信其教。悟無常空色。有慈心整化。不以尊豪輕絕物命。不使不肖竊假非服。豈非道之以德齊之以禮天下歸仁之盛乎。其在容與之位。及野澤之身。何所足惜而不自濟其精神哉。昔遠和尚澄業廬山。余往憩五旬。高潔貞厲。理學精妙。固遠流也。其師安法師。靈德自奇。微遇比丘。並含清眞。皆其相與素洽乎道。而後孤立於山。是以神明之化。邃于巖林。驟與余言於崖樹澗壑之間。曖然乎有自言表而肅人者。凡若斯論。亦和尚據經之旨云爾。夫善即者。因鳥跡以書契窮神與人之頌。緹縈一言而霸業用遂。肉刑永除。事固有俄爾微感。而終至沖天者。今無陋鄙言。以警其所感。奄然身沒。安知不以之超登哉。

弘明集卷第二

音釋

縲紲音纍薛四繫也幽於縲紲　倜音惕倜儻不羈也又高舉貌　蓂莢音冥夾瑞草堯時生於庭月一日一莢生十六日一莢落　晻與暗同不明也　曖烏代切音愛昏昧貌　藹于蓋切音靄繁茂貌　樹　朏妃尾切音斐月未盛之明又音配明也　汜詳子切音似止也水出復

入爲汜又濛懋魚僅切音秋瞰苦濫切音蟱迷浮
汜日入處也懋問也傷也瞰闞俯視也蟱切音
謀蜘蛛一蚡音汾人名皇太啁噍音嘲焦蒩音蛆
名蚰蟱蚡后同母弟田蚡啁噍鳥聲也蒩草木
枯槁皆罝音嗟兔胖音泮半也夫婦胖合也胖詫
曰苴罝網也胖合合其半以成夫婦也
音宅鮐湯來切音台河豚别名鮐比齠田聊切音
誑也鮐老人皮膚消瘠背若鮐魚也齠迢始毁齒
也男子八月生嗃黑各切音膗嗃嗃
八歲而齠齒嗃嚴大之聲又音孝

弘明集卷第三

梁楊都建初寺釋僧祐集

與宗居士書　　宋何承天

近得賢從中郎書。説足下勤西方法事。賢者志其大。豈以萬劫爲奢。但恨短生無以測冥靈耳。治城慧琳道人作白黑論。乃爲衆僧所排擯。賴蒙値明主善救。得免波羅夷耳。既作比丘。乃不應明此。白徒亦何爲不言。足下試尋二家。誰爲長者。吾甚昧然。望有以佳悟。何承天白。

答何衡陽書　　宗炳

所送琳道人白黑論。辭清致美。但吾闇於照理。猶未達其意。既云幽冥之理。不盡於人事。周孔疑而不辨。釋氏辨而不實。然則人事之表。幽闇之理。爲取廓然唯空。爲猶有神明耶。若廓然唯空。衆聖莊老何故皆云有神。若有神明。復何以斷其不實如佛言。今相與共在常人之域。料度近事。猶多差錯。以陷患禍。及博奕麤藝。注意研之。或謂生更死。謂死實生。近事之中。都未見有常得而無喪者。何以決斷天地之外。億劫之表。冥冥之中。必謂所辨不實耶。若推據事。不容得實。則疑之可也。今人形至麤。人神實妙。以形從神。豈得齊終。心之所感。崩城隕霜。白虹貫日。太白入昴。氣禁之醫。心作水火。冷煖輒應。況今以至明之智。至精之志。專誠妙徹。感以受身。更生於七寶之土。何爲不可實哉。又云析毫空樹。無傷垂蔭之茂。離材虛室。無損輪奐之美。貝錦以繁采發華。和羹以鹽梅致旨。以塞本無之教。又不然矣。佛經所謂本無者。非謂衆緣和合者皆空也。垂蔭輪奐處物自可有耳。故謂之有諦。性本無矣。故謂之無諦。吾雖不悉佛理。謂此唱居然甚安。自古千變萬化之有。俄然皆巳空矣。當其盛有之時。豈不常有也。必空之實。故俄而得以空耶。亦如惠子所謂物方生方死。日方中方睨。死睨之實。恆預明於未生未中之前矣。愚者不覩其理。唯見其有。故齊侯攝爽鳩之餘偽。而泣戀其樂。賢者心與理一。故顏子庶乎屢空。有若無。實若虛也。自顏以下。則各隨深淺而味其虛矣。若又踰下。縱不能自清於至言。以傾愛競之惑。亦何常無髣髴於一毫。豈當反以一大增塞。而更令戀嗜好之欲乎。乃云明無常增渴癊之情。陳苦偽篤競辰之慮。其言過矣。又以舟壑塘駟之論。已盈耳於中國。非理之奧。故不舉為教本。謂剖析此理。更由指掌之民。夫舟壑潛謝。佛經所謂見在不住矣。誠能明之。則物我常虛。豈非理之奧耶。蓋悟之者寡。故不以爲教本耳。支公所謂未與佛同也。何爲以素聞於中國。而蔑其至言哉。又以效神光無徑寸之明。驗靈變無纖介之實。徒稱無量之壽。孰見期頤之叟。諸若此類。皆謂於事不符。夫神光靈變。及無量之壽。皆由誠信幽奇。故將生乎佛土。親映光明。其壽無量耳。今沒於邪見。慢誕靈化。理固天隔。當何由覩其事之符乎。夫心不貪欲。爲十善之本。故能俯絕地獄。仰生天堂。即亦服義蹈道理端心者矣。今內懷虔仰。故禮拜悔罪。達夫無常。故情無所吝。委妻子而爲施。豈有邀於百倍。復何得乃云不由恭肅之意。不乘無吝之情乎。泥洹以無樂爲樂。法身以無身爲身。若本不希擬。亦可爲增耽逸之慮。肇好奇之心。若誠餐仰。則耽逸稍除。而獲利於無利矣。又何關利競之俗乎。又云道在無欲。而以有欲要之。俯仰之間非利不動。何誣佛之深哉。夫佛家大趣。自以八苦皆由欲來。明言十二因緣。使高妙之流。朗神明於無生耳。欲此道者。可謂有欲於無欲矣。至於啓導麤近。天堂地獄。皆有影響之實。亦由于公以仁活招封。嚴氏以好殺致誅。畏誅而欲封者。必舍殺而修仁矣。厲妙行以希天堂。謹五戒以遠地獄。雖有欲於可欲。實踐日損之清塗。此亦西行而求郢。何患其不至哉。又嫌丹青眩媚采之目。土木誇好壯之心。成私樹之權。結師黨之勢。要厲精之譽。肆陵競之志。固黑蝗之醜。或可謂作法於涼。其弊猶貪耳。何得乃慢佛云作法於貪耶。王莽竊六經以篡帝位。秦皇因朝覲而構阿房。寧可復罪先王之禮教哉。又云宜廢顯晦之跡。存其所要之旨。示來生者蔽虧於道釋。不得已。請問其旨爲欲何要。必欲使修利遷善以遂其性矣。夫聖無常心。就萬物以爲心耳。若身死神滅。是物之眞性。但當卽其必滅之性。與周孔幷力致教。使物無稟則遷善之實。豈不純乎。何誑以不滅。欺以佛理。使燒祝髮膚。絕其牉合。所遏苗裔。數不可量。爲害若是。以傷盡性之美。釋氏何爲其不得已乎。若不信之流。亦不肯修利而遷善矣。夫信者。則必耆域犍陀勒夷陀蜜竺法乘帛法祖。竺法護。于法蘭竺法行。於道邃。闞公則。佛圖澄。尸黎蜜。郭文舉。釋道安。支道林遠和尚之倫矣。神理風操。似殊不在琳比丘之後。寧當妄有毁人理落簪於不實人之化哉。皆靈奇之實。引緜邈之心。以成神通淸眞之業耳。足下籍其不信。遠送此論。且世之疑

者，咸亦妙之，故自力白答，以塵露衆情。夫世之然否

佛法，都是人興喪所大。何得相與共處以可否之間。

吾故罄其愚思，制明佛論以自獻所懷。始成，已令人

書寫，不及此信，晚更遣信，可聞，當付往也。宗炳白。

答宗居士書 釋均善難

何承天

何承天前送均善論，并諮求雅旨。來答周至，及以爲

茲理興喪宜明，不可但處以可否之間。吾雖不能一

切依附，亦不甚執偏見，但求夜光於巨海，正自未得

耳。以爲佛經者，善九流之別家，雜以道墨，慈悲愛施，

與中國不異。大人君子，仁爲己任，心無憶念，且以形

像彩飾。將諧常人耳目。其爲糜損尙微。其所弘益或著。是以兼而存之。至於好事者。遂以爲超孔越老。唯此爲貴。斯未能求立言之本。而眩惑於末說者也。知其言者。當俟忘言之人。若唯取信天堂地獄之應。因緣不滅之驗。抑情菲食。盡勤禮拜。庶幾廕寶積之益。升彌燈之座。湻于生所以大謔也。論云。衆聖老莊皆云有神明。復何以斷其不如佛言。答曰。明有禮樂。幽有鬼神。聖王所以爲教。初不昧其有也。若果有來生報應。周孔寧當緘默而無片言耶。若夫嬰兒之臨坑。凡人爲之駭怛。聖者豈獨不仁哉。又云人形至麤。人神實妙。以形從神。豈得齊終。答曰。形神相資。古人譬以薪火。薪弊火微。薪盡火滅。雖有其妙。豈能獨傳。又云心之所感。崩城隕霜。白虹貫日。太白入昴。氣禁之醫。冷煖輒應。專誠妙感。以受身更生。七寶之土。何爲不可哉。答曰。崩城隕霜。貫日入昴。不明來生之譬。非今論所宜引也。又見水火之禁。冀其能生七寶之鄉。猶觀大冶銷金。冀其能自陶鑄。終不能亦可知也。又曰有諦無諦。此唱居然甚安。自古千變萬化之有。俄然皆已空矣。當其盛有之時。豈不常有必空之實。愚者不知其理。唯見其有。答曰。如論云。當其盛有之時。

已有必空之實。然則即物常空。空物爲一矣。今空有未殊。而賢愚異稱何哉。昔之所謂道者。於形爲無形。於事爲無事。恬漠沖粹。養智怡神。豈獨愛欲未除。宿緣是畏。唯見其有。豈復是過。以此嗤齊侯。猶五十步笑百步耳。又云舟壑潛謝。佛經所謂見在不住。誠能明之。則物我常虛。答曰。潛謝不住。豈非自生入死。自有入無之謂乎。故其言曰。有駭形而無損心。有旦宅而無憤死。賈生亦云。化爲異物。又何足患。此達乎死生之變者也。而區區去就。在生慮死。心繫無量。志生天堂。吾黨之常虛。異於是焉。又云神光靈變。及無量之壽。皆由誠信幽奇故映其明。今沒於邪見。理固天隔。答曰。今亦不從慢化者求其光明。但求之於誠信者耳。尋釋迦之教。以善權救物。若果應驗若斯。何爲不見其靈變以曉邪見之徒。豈獨不愛數十百萬之說。而吝俄頃神光。徒爲化聲之辯。竟無明於眞智。終年疲役。而不知所歸。豈不哀哉。又云內懷虔仰故禮拜悔罪。達夫無常故情無所吝。委妻子而爲施。豈有邀於百倍。答曰。繁巧以興事。未若除貪欲而息競。遵戒以洗悔。未若翦榮冀。以全朴。況乃誘所尙以祈利。忘天屬以要譽。謂之無邀。吾不信也。又云泥洹以無樂爲樂。法身以無身爲身。若誠能餐仰。則耽逸稍除。獲利於無利矣。答曰。泥洹以離苦爲樂。法身以接苦爲身。所以使餐仰之徒。不能自絕耳。果歸於無利。勤者何獲。而云獲於無利耶。此乃形神俱盡之證。恐非雅論所應明言也。又云欲此道者。可謂有欲於無欲矣。至若啟導麤近者。有影響之實。亦猶于公以仁活致封。嚴氏以好殺致誅。厲妙行以希天堂。謹五戒以遠地獄。雖有欲於可欲。實踐日損之塗。此亦西行而求郢。何患其不至。答曰。謂麤近爲啟導。比報應於影響。不亦善乎。但影響所因。必稱形聲。尋常之形。安得八萬由旬之影乎。所滯若有欲於無欲。猶是常滯於所欲。夫耳目殊司。工藝異業。末技所存。慮信不並。是以金石克諧。泰山不能呈其高。鴻鵠方集。冥秋不能傳其旨。而欲以有欲成無欲。希望就日損。雖云西行。去郢茲遠。如之何。又云若身死神滅。是物之眞性。但當與周孔并力致教。何爲誑以不滅。欺以佛理。使燒祝髮膚。絕其胖合。以傷盡性之美。答曰。華戎自有不同。何者。中國之人。稟氣清和。含仁抱義。故周孔明性習之教。外國之徒。受性剛強。貪欲忿戾。故釋氏嚴五戒之科。來論所謂聖無常心。就物之性者也。徵暴之戒莫苦乎地獄誘善之勸莫美乎天堂將盡殘害之根非中庸之謂周孔則不然順其天性去其甚泰婬盜著於五刑酒辜明於周誥春田不圍澤見生不忍死五犯三驅釣而不綱是以仁愛普洽澤及豚魚嘉禮有常俎老者得食肉春耕秋收蠶織以時三靈格思百神咸秩方彼之所爲者豈不弘哉又甄供灌之賞嚴疑法之罰迹蕭宰之問爲勸化之本演焄蒿之答明來生之驗袪服盱衡而矜斯說者其處心亦悍矣論又稱耆陀尸梨之屬神理風操不在琳比丘後足下既明常人不能料度近事今何以了其勝否於

百年之前。數千里之外耶。若琳比丘者。僧貌而天虛。似夫深識眞僞。殊不肯忌經護師。崇飾巧説。吾以是敬之孫興公論云。竺法護之淵達。於法蘭之純博。足下欲比中土何士也。及楚英之修仁寺。笮融之賙行饉。寧復有清眞風操乎。昔在東邑。有道含沙門。自吴中來。深見勸譬。甚有懇誠。因留三宿。相爲説練形澄神之緣。罪福起滅之驗。皆有條貫。吾拱聽讜言。申旦忘寢。退以爲士所以立身揚名著信行道者。實賴周孔之教。子路稱聞之而未之能行。唯恐有聞。吾所行者多矣。何遽捨此而務彼。又尋稱情立文之制。知來生之爲奢，究終身不已之哀，悟受形之難再，聖人我師，周公豈欺我哉。緣足下情篤，故具陳始末，想耆舊大智，誨人不倦，於此未默耳，前已遣取明佛論，遲尋至冀或朗然於心，何承天白。

答何衡陽書　宗炳

敬覽來論，抑裁佛化，畢志儒業，意義檢著，才筆辨覈。善可以警策世情，實中區之美談也。觀足下意，非謂制佛法者非聖也，但其法權而無實耳，未審竟何以了其無實。今相與斷見事大討，失得略半也。靈化超於玄極之表，其故紮結於幽冥之中，曾無神人指掌相語。徒信史之闕文於焚燒之後。便欲以廢頓神化。相助寒心也。夫聖人窮理盡性以至於命。物有不得其所。若己納之於隍。今誑以不滅。欺以成佛。使髡首赭衣。焚身然指。不復用天分以養父母夫婦父子之道。從佛法已來。沙河以西三十六國。未暨中華。絕此緒者億兆人矣。東夷西羌。或可聖賢。及由余日磾得來之類。將生而不得生者多矣。若使佛法無實。納隍之酷。豈可勝言。及經之權爲合何道。而云欲以矯誑過正。以治外國剛强忿戾之民乎。夫忿戾之類。約法三章。交賞見罰。尚不信懼。寧當復以即色本無。泥洹法身十二因緣微塵劫數之言以治之乎稟此訓者皆足下所謂稟氣清和懷仁抱義之徒也資清和以疎微言厲義性以習妙行故遂能澄照觀法法照俱空而至於道皆佛經所載而足下所信矣至若近世通神令德若孫興公所讚八賢支道林所頌五哲皆時所共高故二子得以綴筆復何得其謂妄語乎孫稱竺法護之淵達于法蘭之澐博吾不關雅俗不知當比何士然法蘭弟子道邃未逮其師孫論之時以對勝流云謂庾文秉也是護蘭二公當又出之吾都不識琳比丘又不悉世論若足下謂與文秉等者自

可不後道邃。猶當後護蘭也。前評未爲失言。誠能僧貌天虛。深識眞僞。何必非天帝釋化作。故激厲以成佛耶。白黑論未可以爲誠實也。來告所疑若實有來生報應。周孔何故默無片言。此固偏見之恆疑也。眞宜所共明。夫聖神玄發。感而後應。非先物而唱者也。當商周之季。民墜塗炭。弑逆横流。舉世情而感聖者亂也。故六經之應。治而已矣。是以無佛言焉。劉向稱禹貢九州。蓋述山海所記。申毒之民。偎人而愛人。郭璞謂之天竺。浮屠所興。雖此之所夷。然萬土星陳於太虛。竟知孰爲華哉。推其偎愛之感。故浮屠之化應焉。彼之麤者。雖有亂虐君臣不治。此之精者。隨時抱道。佛事亦存。雖可有稟法性於伊洛。湞眞際於洙泗。苟史佚以非治道而不書。卜商以背儒術而弗編。縱復或存於複壁之外典。復爲秦王所燒。周孔之無言。未必審也。夫玄虛之道。靈仙之事。世典未嘗無之。而夫子道言。遠見莊周之篇。瑤池之宴。乃從汲冢中出。然則治之五經。未可以塞天表之奇化也。難又曰。若卽物常空。空物爲一。空有未殊。何得賢愚異稱。夫佛經所稱。卽色爲空。無復異者。非謂無有。有而空耳。有也。則賢愚異稱。空也。則萬異俱空。夫色不自色。雖色而空緣合而有本自無有皆如幻之所作夢之所見雖有非有將來未至過去已滅見在不住又無定有凡此數義皆玄聖致極之理以言斥之誠難朗然由此觀物我亦實覺其昭然所以曠焉增洗汰之清也足下當何能安之又云形神相資古人譬之薪火薪弊火微薪盡火滅雖有其妙豈能獨存夫火者薪之所生神非形之所作意有精麤感而得形隨之精神極則超形獨存無形而神存法身常住之謂也是以始自凡夫終則如來雖一生尙麤苟有識向萬劫不沒必習以清昇螟蛉有子蜾蠃負之況在神明理應

寶積之蓋。昇燈王之座。何謂無期。又疑釋迦以善權救物。豈獨不愛數十百萬之說。而悟俄頃神光。不以曉邪見之徒。夫雖云善權感應。顯昧各依罪福。昔佛爲衆說。又放光明。皆素積妙誠。故得神遊。若時言成已著之筌。故慢者可覩。光明發由觀照。邪見無緣瞻灑。今覩經而不悛其慢。先灑夫復何益。若誠信之賢。獨朗神照。足下復何由知之。而言者會復謂是妄說耳。恆星不見。夜明也。考其年月。即佛生放光之夜也。管幼安風夜泛海。同侶皆沒。安於闇中見光。投光赴島。闔門獨濟。夫佛無適莫。唯善是應。而致應若王祥

郭巨之類。不可稱說。卽亦見光之符也。豈足下未見

便無佛哉。又陳周孔之盛。唯方佛爲弘。然此國治世。

君王之盛耳。但精神無滅。冥運而已。一生瞬息之中。

八苦備有。雖剋儒業以整俄頃。而未幾已滅。三監之

難。父子相疑。兄弟相戮。七十二子雖復升堂入室。年

五十者曾無數人。顏夭冉疾。由醢予族。賜滅其鬚。匡

陳之苦。豈可勝言。忍饑弘道。諸國亂流。竟何所救。以

佛法觀之。唯見其哀。豈非世物宿緣所萃耶。若所被

之實理。於斯猶未爲深弘。若使外率禮樂。內修無生。

澄神於泥洹之境。以億劫爲當年。豈不誠弘哉。事不

傳後。理未可知。幸勿據麤跡而云周孔則不然也。人皆謂佛妄語。山海經說死而更生者甚衆。崑崙之山。廣都之野。軒轅之丘。不死之國。氣不寒暑。鳳卵是食。甘露是飲。廕玕琪之樹。歆朱泉之水。人皆數千歲不死。及化爲黃能。入于羽淵。申生伯有之類。丘明所說亦不少矣。皆可推此之麤。以信彼之精者也。承昔有道。聞佛法而歛衽者。必不啻作蒲城之死士可知矣。當由所聞者未高故耶。足下所聞者高於今猶可豹變也。人是精神物。但使歸信靈極。麤稟敎誡。縱復微薄。亦足爲感。感則彌升。豈非脫或不滅之良計耶。昔不滅之實事如佛言。而神背心毀。自逆幽司。安知今生之苦毒者非往生之故爾耶。輕以獨見慠尊神之訓。恐或自貽伊阻也。佛經說釋迦文昔爲小乘比丘而毀大乘。猶爲此備苦地獄經歷劫數。況都不信者耶。復何以斷此經必虛乎。足下所詰前書中語爲因琳道人章句耳。其意既已麤達。不能復一二辯答。所製明佛論已事事有通。今付往。足下力爲善尋。具告中否。老將死。以此續其書耳。此書至便倚索答。殊不密悉。宗炳白。

答宗居士書　何承天

重告弁省大論。置陣如項籍。既足下以賤漢祖。況弱士乎。證譬堅明。文詞淵富。誠欲廣其利澤。施及凡民。深知君子之用心也。足下方欲影響以神其教。故宜緘默成人之美。但常謂外國之事。或非中華所務。是以有前言耳。果今中外宜同。余則陋矣。敢謝不敏。雖然猶有所懷。夫明天地性者。不致惑於迂怪。識盛衰之運者。不役心於理表。儻令雅論不因善權。篤誨皆由情發。豈非通人之蔽哉。未緣言對。聊以代面。何承天白。

喻道論　晉孫綽

或有疑至道者。喻之曰。夫六合遐邈。庶類殷充。千變萬化渾然無端。是以有方之識。各期所見。鱗介之物。不達皋壤之事。毛羽之族。不識流浪之勢。自得於窞井者。則怪遊溟之量。翻翥於數仞者。則疑沖天之力。纏束世教之內。肆觀周孔之跡。謂至德窮於堯舜。微言盡乎老易。焉復覩夫方外之妙趣。寰中之玄照乎。悲夫章甫之委裸俗。韶夏之棄鄙俚。至真絕於漫習。大道廢於曲士也。若窮迷而不遷者。非辭喻之所感。試明其旨。庶乎有悟於其間者焉。

夫佛也者。體道者也。道也者。導物者也。應感順通。無爲而無不爲者也。無爲。故虛寂自然。無不爲。故神化萬物。萬物之求。卑高不同。故訓致之術。或精或麤。悟上識。則舉其宗本。不順者復殃。放酒者羅刑。婬爲大罰。盜者抵罪。三辟五刑。犯則無赦。此王者之常制。宰牧之所司也。若聖王御世。百司明達。則向之罪人必見窮測。無逃形之地矣。使姦惡者不得容其私。則國無違民。而賢善之流必見旌敘矣。且君明臣公。世清理治。猶能令善惡得所。曲直不濫。況神明所莅。無遠近幽深。聰明正直。罰惡祐善者哉。故毫釐之功。錙銖之釁。報應之期。不可得而差矣。歷觀古今禍福之證。

皆有由緣。載籍昭然。豈可掩哉。何者。陰謀之門。子孫不昌。三世之將。道家明忌。斯非兵凶戰危。積殺之所致耶。若夫魏顆從治。而致結草之報。子都守信。而受驪驥之錫。齊襄委罪。故有墜車之禍。晉惠棄禮。故有弊韓之困。斯皆死者報生之驗也。至於宣孟懸翳桑之饑。漂母哀淮陰之憊。並以一餐拯其懸餒。而趙蒙倒戈之祐。母荷千金之賞。斯一獲萬報。不踰世。故立德闇昧之中。而慶彰萬物之上。陰行陽曜。自然之勢。譬猶灑粒於土壤。而納百倍之收。地穀無情於人。而自然之利至也。

或難曰報應之事誠皆有徵則周孔之教何不去殺而少正卯刑二叔伏誅耶答曰客可謂達教聲而不體教情者也謂聖人有殺心乎曰無也答曰子誠知其無心於殺殺固百姓之心耳夫時移世異物有薄澆結繩之前陶然太和暨於唐虞禮法始興爰逮三代刑網滋彰刀斧雖嚴而猶不懲至於君臣相滅父子相害吞噬之甚過於豺虎聖人知人情之固於殺不可一朝而息故漸抑以求厥中猶蝮蛇螫足斬之以全身癰疽附體決之以救命亡一以存十亦輕重之所權故刑依秋冬所以順時殺春蒐夏苗所以簡

胎乳三驅之禮。禽來則韜弓。聞聲覩生。肉至則不食。釣而不綱。弋不射宿。其於蜫蟲。每加隱惻。至於議獄緩死。眚災肆赦。刑疑從輕。寧失有罪。流涕授鉞。哀矜勿喜。生育之恩篤矣。仁愛之道盡矣。所謂爲而不恃。長而不宰。德被而功不在我。日用而萬物不知。舉茲以求。足以悟其歸矣。

或難曰。周孔適時而教。佛欲頓去之。將何以懲暴止姦統理羣生者哉。答曰。不然。周孔卽佛。佛卽周孔。蓋外內名之耳。故在皇爲皇。在王爲王。佛者梵語。晉訓覺也。覺之爲義。悟物之謂。猶孟軻以聖人爲先覺。其旨一也。應世軌物。蓋亦隨時。周孔救極弊。佛教明其本耳。其爲首尾。其致不殊。卽如外聖有深淺之跡。堯舜世夷。故二后高讓。湯武時難。故兩君揮戈。淵默之與赫斯。其跡則胡越。然其所以跡者。何嘗有際哉。故逆尋者每見其二。順通者無往不一。

或難曰。周孔之教。以孝爲首。孝德之至。百行之本。本立道生。通於神明。故子之事親。生則致其養。沒則奉其祀。三千之責。莫大無後。體之父母。不敢夷毀。是以樂正傷足。終身含愧也。而沙門之道。委離所生。棄親卽疏。刓剃鬚髮。殘其天貌。生廢色養。終絕血食。骨肉之親等之行路背理傷情莫此之甚而云弘道敦仁廣濟羣生斯何異斬刈根本而修枝榦而言不殞碩茂未之聞見皮之不存毛將安附此大乖於世教子將何以祛之答曰此誠窮俗之所甚惑倒見之爲大謬諮嗟而不能默已者也夫父子一體惟命同之故母嚙其指兒心懸駭者同氣之感也其同無間矣故唯得其歡心孝之盡也父隆則子貴子貴則父尊故孝之爲貴貴能立身行道永光厥親若匍匐懷袖日御三牲而不能令萬物尊己舉世我賴以之養親其榮近矣夫緣督以爲經守柔以爲常形名兩絕親我

交忘。養親之道也。既已明其宗。且復爲客言其次者。夫忠孝名不並立。潁叔違君。書稱純孝。石碏戮子。武節乃全。傳曰。子之能仕。父教之忠。策名委質。二乃辟也。然則結纓公朝者。子道廢矣。何則。見危授命。誓不顧親。皆名注史筆。事標教首。記注者豈復以不孝爲罪。故諺曰。求忠臣必於孝子之門。明其雖小違於此。而大順於彼矣。且鯀放退裔。而禹不告退。若令委堯命以尋父。屈至公於私慼。斯一介之小善。非大者遠者矣。周之泰伯。遠棄骨肉。託跡殊域。祝髮文身。存亡不反。而論稱至德。書著大賢。誠以其忽南面之尊。保沖虛之貴，三讓之功遠，而毀傷之過微也。故能大革夷俗，流風垂訓。夷齊同餓首陽之上，不恤孤竹之嗣。仲尼目之爲仁賢，評當者寧復可言悖德乎？梁之高行，毀容守節，宋之伯姬，順理忘生，並名冠烈婦，德範諸姬。秉二婦之倫，免愚悖之譏耳。率此以談，在乎所守之輕重可知也。昔佛爲太子，棄國學道，欲全形以遁，恐不免維縶，故釋其鬚髮，變其章服。既外示不反，內修簡易。於是捨華殿而卽曠林，解龍衮以衣鹿裘。遂垂條爲宇，藉草爲茵，去櫛梳之勞，息湯沐之煩，頓馳騖之轡，塞欲動之門。目遏玄黄，耳絶淫聲，口忘甘苦。意放休慼。心去於累。胷中抱一。載平營魄。內思安般。一數二隨。三止四觀。五還六淨。遊志三四。出入十二門。禪定拱默。山停淵淡。神若寒灰。形猶枯木。端坐六年。道成號佛。三達六通。正覺無上。雅身丈六。金色焜燿。光遏日月。聲協八風。相三十二。好姿八十。形偉羣有。神足無方。於是遊步三界之表。恣化無窮之境。迴天儛地。飛山結流。存亡倏忽。神變縣邈。意之所指無往不通。大範羣邪。遷之正路。眾魔小道。靡不遵服。于斯時也。天清地潤。品物咸亨。蠢蠕之生。浸毓靈液。枯槁之類。改瘁為榮。還照本國。廣敷法音。父王感悟。

亦升道場。以此榮親。何孝如之。於是後進篤志之士。被服弘訓。思齊高軌。皆由父老不異所尚。承歡心而後動耳。若有昆弟之列者。則服養不廢。既得弘修大業。而恩紀不替。且令逝沒者得福報以生天。不復顧歆於世祀。斯豈非兼善大通之道乎。夫東鄰宰牛。西鄰禴祀。殷美黍稷。周尚明德。興喪之期。於茲著矣。佛有十二部經。其四部專以勸孝爲事。慇懃之旨可謂至矣。而俗人不詳其源流。未涉其場肆。便瞽言妄說。輒生攻難。以螢燭之見。疑三光之盛。芒隙之滴。怪淵海之量。以誣罔爲辨。以果敢爲名。可謂狎大人而侮天命者也。

弘明集卷第三

音釋

秩直質切音袟劍衣也　袨熒絹切音縣好衣也　盱況于切音吁上視也　焄許云切音薰香臭之氣也　磾都黎切音低染緇黑石出瑯琊山又與隄通　刓吾官切音岏削也　槷陟立切音執連也縶絆也　禴弋灼切音藥祭名薄也天子四時之祭春曰禴夏曰禘秋曰嘗冬曰烝又音耀義同　湌與餐同呑也　組側呂切音阻祭享之器　能奴登切音儜熊屬

弘明集卷第四

梁楊都建初寺釋僧祐集

達性論　何承天

夫兩儀既位。帝王參之。宇中莫尊焉。天以陰陽分。地以剛柔用。人以仁義立。人非天地不生。天地非人不靈。三才同體。相須而成者也。故能稟氣清和。神明特達。情綜古今。智周萬物。妙思窮幽賾。制作侔造化。歸仁與能。是爲君長。撫養黎元。助天宣德。日月淑清。四靈來格。祥風協律。玉燭揚輝。九穀芻豢。陸產水育。酸鹹百品。備其膳羞。棟宇舟車。銷金合土。絲紵玄黃。供其器服。文以禮度。娛以八音。庇物殖生。罔不備設。夫民用儉則易足。易足則力有餘。力有餘則志情泰。樂治之心於是生焉。事簡則不擾。不擾則神明靈。神明靈則謀慮審。濟治之務於是成焉。故天地以儉素訓民。乾坤以易簡示人。所以訓示慇懃若此之篤也。安得與夫飛沈蠉蠕並爲衆生哉。若夫衆生者。取之有時。用之有道。行火俟風暴。畋漁候豺獺。所以順天時也。大夫不麛卵。庶人不數罟。行葦作歌。宵魚垂化。所以愛人用也。庖廚不邇。五犯是翼。殷后改祝。孔釣不綱。所以明仁道也。至於生必有死。形斃神散。猶春榮秋落四時代換奚有於更受形哉詩云愷悌君子求福不回言弘道之在己也三后在天言精靈之升遐也若乃內懷嗜欲外憚權教慮深方生施而望報在昔先師未之或言余固不敏罔知請事焉矣

釋達性論　宋顏延之

前得所論深見弘慮崇致人道黜遠生類物有明徵事不愆義維情輔教足使異門掃軌況在蘄同豈忘所附徒恐琴瑟專一更失闡諧故略廣數條取盡後報足下云同體二儀共成三才者是必合德之稱非遭人之目然總庶類同號衆生亦含識之名豈上哲

之謚。然則議三才者無取於氓隸。言衆生者亦何濫於聖智。雖情在序別。自不患亂倫。若能兩籍方教。俱舉達義節。彼離文。採此其實。則可使倍宮自和。析符復合。何詎怏怏執吕以毀律。且大德曰生。有萬之所同。同於所萬。豈得生之可異。不異之生。宜其爲衆。但衆品之中。愚慧羣差。人則役物以爲養。物則見役以養人。雖始或因順。終至裁殘。庶端萌起。情嗜不禁。生害繁慘。天理鬱滅。皇聖哀其若此。而不能頓奪所滯。故設候物之教。謹順時之經。將以開仁育識。反漸息泰耳。與道爲心者。或不劑此而止。又知大制生死同之榮落。類諸區有。誠亦宜然。然神理存沒。儻異於枯荄變謝。就同草木。便當煙盡。而復云三后升遐精靈在天。若精靈必在。果異於草木。則受形之論。無乃更資來說。將由三后粹善報在生天耶。欲毀後生反立升遐。當毀更立。固知非力所除。若徒有精靈。尚無體朕。未知在天當何憑以立。吾怯於庭斷。故務求依倣。而進退思索。未獲所安。凡氣數之內。無不感對。施報之道。必然之符。言其必符。何猜有望。故遺惠者無要。存功者有期。期存未善。去惠乃至。人有賢否。則意有公私。不可見物或期報。因謂樹德皆要。且經世恆談。

貴施者勿憶。士子服義。猶惠而弗有。況在聞道要。更不得虛心。而動必懷嗜事盡憚權耶。曾不能引之上濟。每驅之下淪。雖深誚校責。亦已厚言不代足下。纓城素堅。難爲飛書。而吾自居憂患。情理無託。近辱褒告。欲其布意裁往釋。慮不或值。顏延之白。

答顏光祿　何承天

敬覽芳訊。研復淵旨。區別三才。步驗精粹。宣演道心。褒賞施士。貫綜幽明。推誠及物。行之於己則美。敷之於教則弘。殆無所間。退尋嘉誨之來。將欲令參觀斗極。復迷反逕。思或昧然。未全曉洽。故復重伸本懷。足下所謂其成三才者是必合德之稱上哲之人亦何爲其然夫立人之道取諸仁義惻隱爲仁者之表恥惡爲義心之端牛山之木翦性於鑿斧恬漠之想汩慮於利害誠宜滋其萌蘖援其善心遂乃存而不算得無過與又云議三才者無取於氓隸言衆生者亦何濫於聖智既已聞命猶未知二塗當以何爲判將伊顏下麗寧僑札上附企望不倦以祛未了必令兩籍俱舉宮和符合豈不盡善又曰大德曰生有萬之所同同於所萬豈得生之可異非謂不然人生雖均被大德不可謂之衆生譬聖人雖同稟五常不可謂

之衆人奚取於不異之生必宜爲衆哉。來告云。人則役物以爲養物則見役以養人。大判如此便是顧同鄙議至於情嗜不禁害生慘物所謂甚者泰者。聖人固已去之又云。以道爲心者或不劑此而止。請問不止者。將自已不殺耶。令受教咸同耶。若自已不殺取足市鄽。故是遠庖廚意。必欲推之於編戶。吾見雅論之不可立矣。又云。若同草木便當煙盡精靈在天。將何憑以立。夫神魄惚恍。遊魂爲變。發揚悽愴。亦于何不之。仲由屈於知死。賜也失於所問。不更受形前論之所明言。所憑之方。請附夫子之對。及施報之道。必然之符。當謂于氏高門。侯積善之慶。博陽不伐。膺公侯之祚。何關於後身乎。又云。經世恆談。施者勿憶。士子服義。惠而弗有。誠哉斯言。徵恨設報以要惠。說徒之所先。悅報而爲惠。舉世之常務。疑經受累劫之罪。勤施獲積倍之報。不似吾黨之爲道者。是以怏怏耳。知欲引之上濟。亦甚所不惜。但丈夫處實者。頗陋前識之華。故不爲也。若乃施非周急。惠存功譽。撲諸高明。亦有恥乎。此吾率其恆心。久而不化。內慚璩子。未暇有所誚也。何承天白。

重釋何衡陽　顏延之

薄從歲事。躬斂山田。田家節隙。野老爲儔。言止穀稼。務盡耕牧。談年計耦。無聞達義。重獲微辯。得用昭慰。啟告精至。愈慚固結。今復忘書往懷。以輸未述。夫藉意探理。不若析之聖文。三才之論。故當本諸三畫。三畫既陳。中稱君德。所以神致太上。崇一元首。故前謂自非體合天地。無以元應斯弘。知研其清慮。未肯存同。猶以兼容罔棄。廣載不遺。篤物之志。誠爲優贍。恐理位雜越。疑陽遂衆。若惻隱所發。窮博愛之量。恥惡所加。盡祐直之正。則上仁上義。吾無間然。但情之者寡。利之者衆。預有其分。而未臻其極者。不得以配擬二儀耳。今方使極者爲師。不極者爲資。扶其敬讓。去其忮爭。令鑿斧鑄刃。利害寢端。驅百代之民。出信厚之塗。則何萌不滋。何善不援。而誣以不算。未值其意。三才等列。不得取偏才之器。衆生爲號。不可濫無生之人。故此去氓隸。彼甄聖智。兩籍俱舉。旨在於斯。若僑札未能道一。皇王豈獲上附。伊顔猶其賴氣化。宜乎下麗。二塗之判。易於賾指。又知以人生雖均被大德。不可謂之衆生。譬聖人雖同稟五常。不可謂之衆人。夫不可謂之衆人。以茂人者神明也。今已均被同衆。復何諱衆同。故當殊其特靈。不應異其得生。徒忌衆名。未虧衆實。得無似蜀梁逃畏。卒不能避。所謂役物爲養。見役養人者。欲言愚慧相傾。僭算相制。事由智出。作非出天理。是以始矜萌起。終哀鬱滅。豈與足下芻豢百品。共其指歸。凡動而善流。下民之性。化而裁之。上聖之功。謹爲垣防。猶患踰盜。況乃罔不備設。以充侈志。方開所泰。何議去甚。故知慘物之談。不得與薄夫同憂。樂殺意偏。好生情博。所云與道爲心者。博乎生情。將使排虛卒遂。跖實莫反。利澤通天。而不爲惠。庸適恩止。麛卵事法。豺獺耶。推此往也。非唯自已不復委咎市鄽乎庖廚。且市庖之外。非無御養。神農所書中散所述公理美其事仲彦精其業是亦古有其傳今聞其人何必以封劍爲稟和之性爓淪爲翼善之具哉若以編戶難齊憂鄙論未立是見二叔不咸慮周德先亡儻能伸以遠圖要之長世則日計可滿歲功可期精靈草木果已區別遊魂之答亦精靈之說若雖有無形天下寧有無形之有顧此惟疑宜見正定仲尼不答有無未辨足下既辨其有豈得同不辨之答雖子嗜學懼未獲所附或是曉晦塗隔隱著事懸遂令明月廢照世智限心知謂必符之言體之極于罔講求反意如非相盡或世人守璞受讓

玉市。將譯胥牽俗還說國情。苟未照盡。請復具伸近釋。報施首稱氣數者以爲物無妄然。各以類感。感類之中。人心爲大。心術之動。隸歷所不能得。及其積致于可。勝原而當。斷取世見據爲高證。莊周云。莽鹵滅裂。報亦如之。孫卿曰。報應之勢。各以類至。後身著戒。可不敬與。慈護之人。深見此數。故正言其本。非邀其末。長美遏惡。反民大順。濟有生之類。入無死之地。令慶周兆物。尊冠百神。安宜祚極。子肩福限。卿相而已。常善以救。善亦從之。勢猶影表。不虞自來。何言乎要惠悅報。疑罪勤施。似由近驗。吝情遠猜。德敎。故方罰矜功。而濫咎忘賢。遺存異義。公私殊意。已備前白。若不重云。想處實陋華者復見其居厚去薄耳。若施非周急。惠而期譽。乃如之人。誠道之蠹。惟子之恥。巨亦恥之。

重答顏光祿　　何承天

吾少信管見。老而彌篤。既言之難。云將湮腐方寸。故願憑流颺。以託鱗翮。厚意垂懷。惠以重釋。稽證周明。華辭博贍。夫良玉時玷。賤夫指其瑕。望舒抱魄。野人睨其缺。豈伊好辯。未獲云已。復進請益之問。庶以研盡所滯。來告云。三才之論。故當本諸三畫。三畫既陳。

中稱君德所以神致太上崇一元首若如論旨以三畫爲三才則初擬地爻三議天位然而遯世無悶非厚載之目君子乾乾非蒼蒼之稱果兩儀罔託亦何取於立人但爻在中和宜應君德耳又云惻隱窮博愛之量恥惡盡祐直之方則爲上仁上義便是許體仁義者爲三才尋又云僑札未獲上附伊顏宜其下麗則黄裳之人其猶弗及雖賾之旨高下無準故惑者未悟也夫陰陽陶氣剛柔賦性圓首方足容貌匪殊惻隱恥惡悠悠皆是但參體二儀必舉仁義爲端耳知欲限以名器愼其所假遂令惠人潔士比性於

毛羣庶幾之賢同氣於介族立象之意豈其然哉又云已均被同衆復何譁衆同故當殊其特靈不應異其得生夫特靈之神旣異於衆得生之理何嘗暫同生本於理而理異焉同衆之生名將安附若執此生名必使從衆則混成之物亦將在例耶又云謹爲垣防猶患踰盜況乃罔不設備以充侈志方開所泰何議去甚足下始云皇聖設候物之敎謹順時之經將以反澌息泰今復以方開所泰爲難未詳此將難鄙議將譏聖人也又云市庖之外豈無御養神農所書中散所述何必以刲刳爲稟和燗瀹爲翼善夫禋瘞

繭栗宗社三牲膮膷豆俎以供賓客七十之老俟肉而飽豈得唯陳列草石取備上藥而已吾所憂不立者非謂洪論難持退嫌此事不可頓去於世耳又云天下寧有無形之有顧此惟疑宜見正定尋來旨似不嫌有鬼嘗謂鬼宜有質得無惑天竺之書說鬼別爲生類故耶昔人以鬼神爲教乃列於典經布在方策鄭僑吳札亦以爲然是以雲和六變實降天神龍門九成人鬼咸格足下雅秉周禮近忽此義方詰無形之有爲支離之辯乎又云後身著戒可不敬與慈護之人深見此數未詳所謂慈護者誰氏之子若據

外書報應之説。皆吾所謂權教者耳。凡講求至理。曾不折以聖言。多採譎怪。以相扶翼。得無似以水濟水耶。又云物無妄然。必以類感。常善以救。善亦從之。勢猶影表。不慮自來。斯言果然。則類感之物。輕重必侔。影表之勢。修短有度。致飾土木。不發慈愍之心。順時蒐狩。未根慘虐之性。天宮華樂。焉賞而上升。地獄幽苦。奚罰而淪陷。唱言窮軒輊。立法無衡石。一至於此。且阿保傳愛。慎及溷腴。艮庖提刀。情怵介族。彼聖人者。明並日月。化關三統。若令報應必符。亦何妨於教。而緘扃羲唐之紀。埋閉周孔之世。肇結網罟。興累億之罪。仍制牲牢。開長夜之罰。遺彼天廚。甘此芻豢。曾無拯溺之仁。橫成納隍之酷。其爲不然。宜簡淵慮。若謂窮神之智猶有所不盡。雖高情愛奇。想亦未至於侮聖也。足下論仁義。則云情之者少。利之者多。言施惠則許其遺賢忘報。在情既少。孰能遺賢。利之者多。曷云忘報。若能推樂施之士。以期欲仁之疇。演忘報之意。引向義之心。則義實在斯。求仁不遠。至於濟有生之類。入無死之地。慶周兆物。尊冠百神。斯旨宏誕。非本論所及。無乃秦師將遁。行人言肆乎。豈其相迫。居。吾語子。聖人在上。不與百神爭長。有始有卒。焉得無死之地。夫辯章幽明。研精庶物。反初結繩。終繁文敎。性以道率。故絶親譽之名。範圍造化。無傷博愛之量。以畋以漁。養兼賢鄙。三品之獲。實充賓庖。金石發華。笙籥協節。醉酒飽德。介茲萬年。處者弘日新之業。仕者敷先王之敎。誠著明君。澤被萬物。龍章表觀。鳴玉節趨。斯亦堯孔之樂地也。及其不遇。考槃阿澗。以善其身。殺鷄爲黍。聊寄懷抱。或負鼎割烹。揚隆名於長世。或屠羊鼓刀。陵高志於浮雲。此又君子之處心也。何必陋積善之延祚。希無驗於來世。生背當年之眞懽。徒疲役而靡歸。繫風捕影。非中庸之美。慕夷眩妖違通人之致。蹲膜揖讓。終不並立。竊願吾子捨兼而遵一也。及蜀梁二叔世人驛胥之譬。非本義所繼。故不復具云。

重釋何衡陽　顔延之

聖慮難原。神應不測。中散所云中人自竭。莫得其端。豈其淺斥所可深抽。徒以魏文大布見刊異世。滕修蝦鬚取愧當時。故於度外之事。怯以意裁耳。足下已審其虛實。方書之不朽。獨鑒堅精。難復疑問。聊寫餘懷。依答條釋。事緯殃福。義雜胡華。雖存簡章。自至煩文。過此已往。余欲無言。

答曰。若如論旨。以三畫爲三才。則初擬地爻。二議天位。然而遯世無悶。非厚載之目。君子乾乾。非蒼蒼之稱。果兩儀罔託。亦何取於立人。但爻在中和。宜應君德耳。釋曰。聞之前學。消象始於三畫。兼卦終於六爻。三畫立本。三才之位。六爻未變。羣龍所經。是以重卦之後。則以出處明之。故遯世乾乾。潛藏皆行。聖人適時之義。兼之道也。若以初爻非地。三位非天。以爲兩儀罔託。立人無取。未知足下前論三才同體。何因而生。若猶受之繫說。不軼師訓。何獨得之復卦。喪之單象。如羲文之外。更有三才。此自春秋新意。吾無識焉。

且遯世乾乾雖非覆載之名。一體之中。未失卑高之實。豈得以變動之辭廢立本之義。又知以爻在中和宜應君德。若徒有中和之爻。竟無中和之人。則爻將何放。若中和在德。則不得人皆中和。體合之論固未可殊越。

答曰。上仁上義便是許體仁義者爲三才。尋又云。僑札未獲上附。伊顏宜其下麗。則黃裳之人其猶弗及。雖賾之旨高下無準。故惑者未悟。釋曰。所云上仁上義。謂兼總仁義之極。可以對饗天地者耳。非謂少有恥愛。便爲三才。前釋已具。怪復是問。四彼域中。唯王是體知。三此兩儀。非聖不居。易老同歸。可無重惑。案東魯階差。僑札理不允備。何由上附至位。依西方準墨。伊顔未獲法身。故當下麗生品。來論挾姬議釋。故兩解此意。冀以取了。反致辭費。聖作君師。賢爲臣資。接暢神功。影響大業。行藏可共。默語亦同。體分至此。何負黃裳。議者徒見不得等位元首。横生誚恨。而不知引之極地。更非守節之情。指斷如斯。何謂無準。

答曰。夫陰陽陶氣。剛柔賦性。圓首方足。容貌匪殊。惻隱恥惡。悠悠皆是。但參體二儀。必舉仁義爲端耳。釋曰。若謂圓首方足。必同恥惻之實。容貌匪殊。皆可參體二儀。蹻跖之徒。亦當在三才之數耶。若誠不得。則不可見橫目之同。便與大人同列。悠悠之倫。品量難齊。既云仁者安仁。智者利仁。又云力行近仁。畏罪强仁。若一之正位。將眞僞相冒。莊周云。天下之善人寡。不善人多。其分若此。何謂皆是。

答曰。知欲限以名器。愼其所假。遂令惠人潔士。比牲於毛羣。庶幾之賢。同氣於介族。立象之意。豈其然乎。

釋曰。名器有限。良由資體不備。雖欲假之。疑陽謂何。含靈爲人。毛羣所不能同。稟氣成生。潔士有不得異。象放其靈。非象其生。一之而已。無乃誣漫。

答曰。已均被同衆云云。特靈之神。既異於衆。得生之理。何嘗蹔同。生本於理。而理異焉。同衆之生。名將安附。若執此生名。必使從衆。則混成之物。亦將在例耶。

釋曰。吾前謂同於所萬。豈得生之可異。足下答云非謂不然。又曰。奚取不異之生。必宜爲衆。是則去吾爲衆。而取吾不異。豈有不異而非衆哉。所以復云故當殊其特靈。不應異其得生耳。今答又謂得生之理。何嘗蹔同。生本於理。而理異焉。請問得生之理。故是陰陽耶。吾不見其異。而足下謂未嘗蹔同。若有異理。非復煦蒸耶。則陰陽之表。更有受生塗趣。三世詎宜堅

立使混成之生與物同氣豈混成之謂若徒假生名莫見生實則非向言之匹言生非生卽是有物不物李叟此說或更有其義以無詰有頗爲未類

答曰謹爲垣防云云始云皇聖設候物之教謹順時之經將以反澌息泰今復以方開所泰爲難未詳此將難鄙議爲譏聖人也釋曰前觀本論自九穀以下至孔釣不綱始知高議謂凡有宰作皆出聖人躬爲尸匠以率先下民也孤鄙拙意自謂每所施爲動必有因聖人從爲之節使不遷越此二懷之大斷彼我所不同吾將節其奢流故有息泰之說足下方明備

設未知於何去甚而中答又云所謂甚者聖人固已去之不了此意故近復以所泰爲問答云未詳誰難或自忘前報

答曰市庖之外云云夫禋瘞繭栗宗社三牲膮膷豆俎以供賓客七十之老俟肉而飽豈得唯陳草石取備上藥而已而憂不立者非謂洪論難持退嫌此事不可頓去於世耳釋曰神農定生周人備敎既唱粒食又言上藥既用犧牢又稱蘋蘩祭膳之道故無定方前舉市庖之外復有御養者捐奪刳瀹之滯以明延性不一非謂經世之事皆當取備草石然芻豢之

功。希至百齡。芝木之懿。亟聞千歲。由是言之。七十之老何必謝恩於肉食但自封一域者捨此無術耳想不可頓去於世。猶是前釋所云不能頓奪所滯也。始獲符同。敢不歸美。既知不可頓去。或不謂道盡於此。

答曰。天下寧有無形之有云云。尋來旨似不嫌有鬼。嘗謂鬼宜有質。得無惑天竺之書說鬼別爲生類耶。昔人以鬼神爲教。乃列于典經。布在方策。鄭僑吳札。亦以爲然。是以雲和六變實降天神。龍門九成人鬼咸格。足下雅秉周禮。近忽此義。方詰無形之有。爲支離之辯乎。釋曰。非唯不嫌有鬼。乃謂有必有形。足下不無是同處有復異是以比及質詰欲以求盡請捨天竺之說謹依中土之經又置別爲生類其議登遐精靈體狀有無固然宜報定典策之中鬼神累萬所不了者非其名號比獲三論每來益衆萬鬼畢至竟未片答雖啟告周博非解企渴無形之有既不匠立徒謂支離以爲通說若以覈正爲支離者將以浮漫爲直達乎

答曰後身著戒云云未詳所謂慈護者誰氏之子若據外書報應之說皆吾所謂權教者耳凡講求至理曾不析之聖言多採譎怪以相扶翼得無似以水濟

水平。釋曰。慈護之主。計亦久聞其人。責以誰子。將以文殊釋氏。知謂報應之說。皆是權教。權道隱深。非聖不盡。雖子通識。慮亦未見其極。吾疲於推求。而足下逸於獨了。良有恧然。若權教所言。皆爲欺妄。則自然之中。無復報應。吾懦於擊決。足下烈於專斷。亦又懼焉。神高聽卑。庸可誣哉。想云聖言者。必姬孔之誥。今之所談。皆其信順之事。而謂曾不析之。復是未經詳思。來論立姬廢釋。故吾引釋符姬。答不越問。未覺多採。由余日磾。不生華壤。何限九服之外。不有窮理之人。內外爲判。誠亦難乎。若自信其度。獨師耳目。習識

之表皆爲譎怪則吾亦已矣
答曰又云物無妄然必以類感云云斯言果然則類感之物輕重必侔影表之勢修短有度致飾土木不發慈愍之心順時蒐狩未根慘虐之性天宮華樂焉賞而上升地獄幽苦奚罰而淪陷唱言窮軒輊立法無衡石一至於此釋曰影表之說以徵感報來意疑不必侔嫌其無度卽復除福應也福應非他氣數所生若滅福應卽無氣數矣足下功存步驗而還伐所知想信道爲心者必不至此若謂不慈於土木之飾有甚於順時之殺者無乃大負夫人之心黃屋玉璽

非必堯舜之情。崇居麗養。豈是釋迦之意。貴天宮之賞。求地獄之罰。頗類昔人亞夫之詰。英布之問。有味乎其言。此蓋眾息心之所詳。吾可得而略之。

答曰。且阿保傅愛。慎及溷腴。艮庖提刀。情怵介族。彼聖人者。明並日月。化關三統。若令報應必符。亦何妨於教。而緘扃羲唐之紀。埋閉周孔之世。肇結網罟。興累億之罪。仍制牲牢。開長夜之罰。遺彼天廚。甘此芻豢。曾無拯溺之仁。橫戚納隍之酷。其爲不然。宜簡淵慮。若謂窮神之智。猶有所不盡。雖高情愛奇。想亦未至於侮聖。釋曰。知謂報應之義。緘羲周之世。以此推求爲不符之證羲唐邈矣人莫之詳尚書所載不過數篇方言德刑之美遑記禍福之源今帝典王策猶不書性命之事而徵闕文以爲古必無之斯亦師心之過也且信順殃慶咸列姬孔之籍謂之埋閟如小逕乎但言有遠近教有淺深故使習者與此而奪彼耶夫生必有欲欲必有求欲歉則爭求給則恬爭則相害恬則相安網罟之設將蠲害以取安乎且畋漁牲牢其事不異足下前答已知牲牢不可頓去於今世復謂畋漁不可獨棄於古未爲通類矣好生惡死每下愈篤故宥其死者順其情奪其生者逆其性至

人尚矣何爲犯順而居逆哉是知不能頓奪所滯故因爲之制耳聖靈雖茂無以叡懞惛之心弱喪之民何可勝論罪罰之來將物自取之事遠難致不由天廚見遺物近易躭故常務豢是甘拯溺出隍衆哲所共但化物不同非道之異不盡之讓亦如過當子長愛奇本不類此

答曰足下論仁義則云情之者少利之者多言施惠則許其遺賢忘報在情既少孰能遺賢利之者多曷云忘報若能推樂施之士以期欲仁之疇演忘報之意引向義之心則義實在斯求仁不遠釋曰情仁義

者寡。利仁義者衆。聞之莊書非直孤說。未獲詳校遽
見彈責。夫在情既少。利之者多。不能遺賢。曷云忘報。
實吾前後勤勤以爲不得配擬二儀者耳。復非篤論
所應據正。若樂施忘報卽爲體仁。忘報而施便爲合
義。可去欲字。并除向名。在斯不遠。誰不是慕。
答曰。濟有生之類云云。斯旨宏誕。非本論所及。無乃
秦師將遁。行人言肆乎。釋曰。足下論挾姬釋。吾亦答
兼戎周。足下以此抑彼。謂福及高門。吾伸彼釋此。云
慶周兆物。足下據此所見。謂祚止公侯。吾信彼所聞。
云尊冠百神。本議是爭。曷云不及。夫論難之本。以易

奪爲體失之已外輒云宏誕求理之塗幾乎塞矣師遁言肆或不在此

答曰豈其相迫居吾語子聖人在上不與百神爭長有始有卒焉得無死之地云云釋曰豈其相迫一何務德居吾語子又何壯辭凡爲物之長豈爭之所得非唯不爭必將下之不可見尊冠百神便謂與百神爭長無乃取之滕薛棄之體仁知謂物有始卒無不死之地求之域內實如來趣前釋所謂勝類諸區有誠亦宜然者也至如山經所圖仙傳所記事關世載已不可原況復道絕恆情理隔常照必以於我不然

皆當絶棄。此又所不得安。

答曰。夫辨章幽明。研精庶物云云。釋曰。逮省此章。盛陳列代。文博體周。頗善師法。歌誦聖世。足爲繁聲。討求道義。未是要説耳。昔在幼壯。微涉羣紀。皇王之軌。賢智之跡。側聞其略。敢辱其詳。惠示之篤。實勤執事。

答曰。何必陋積慶之延祚。希無驗於來生。蹲膜揖讓。終不並立。竊願吾子捨兼而遵一云云。釋曰。不陋積慶。已伸信順之條。貫希來生。亦具感報之説。藻袞大裘。同用一體。蹲膜揖讓。何爲不俱。行一世。理有可兼。無謂宜捨。

答曰：蜀梁二叔世人驛胥之譬，非本論所繼，故不復具云。釋曰：近此數條，聊發戲端，亦猶越人問布，見採於前談，肆業及之，無相多怪。然二叔爲問，欲以卻編戶之疑，沒而不答，誠有望焉。足下連國雲從，宏論風行，吾幽生孤說，每獲竊議，此之不佯，事有固然，實由通才所共者理，欻忘其煩，貪復悉心。

弘明集卷第四

音釋

蠉與蜎同小赤蟲　麛緜兮切音迷鹿子也禮士不取麛卵　黜丑律切音怵退也貶下也　謚神至切音示曳也物在後爲曳言名之於人亦然也　怏於亮切央去聲不服懟也又於良切音央

央然自大之意也　鑾武移切音彌青州謂鑣爲鑾　忮支義切音寘很也大勇不忮　刲音奎刺也刲也　睨音詣衺視也又日斜亦曰睨　禋音因潔祀也精意以享爲禋　瘞音詣幽薶也祭地曰瘞薶謂既祭埋藏之　膮音憢豕羹　膷音香牛羹　軼音佚侵軼也又與轍通

弘明集卷第五

梁楊都建初寺釋僧祐集

更生論　　宋羅含

善哉向生之言曰。天者何。萬物之總名。人者何。天中之一物。因此以談。今萬物有數。而天地無窮。然則無窮之變。未始出於萬物。萬物不更生。則天地有終矣。天地不爲有終。則更生可知矣。尋諸舊論。亦云萬兆懸定。羣生代謝。聖人作易。已備其極。窮神知化。窮理盡性。苟神可窮。有形者不得無數。是則人物有定數。彼我有成分。有不可滅而爲無。彼不得化而爲我。聚散隱顯環轉於無窮之塗賢愚壽夭還復其物自然貫次毫分不差與運泯復不識不知遐哉邈乎其道冥矣天地雖大渾而不亂萬物雖衆區已别矣各自其本祖宗有序本支百世不失其舊又神之與質自然之偶也偶有離合死生之變也質有聚散往復之勢也人物變化各有其往往有本分故復有常物散雖混淆聚不可亂其往彌遠故其復彌近又神質冥期符契自合世皆悲合之必離而莫慰離之必合皆知聚之必散而莫識散之必聚未之思也豈遠乎若者凡今生之生爲卽昔生生之故事卽故事於體無

所暦其意。與己冥終不自覺。孰云覺之哉。今談者徒知向我非今。而不知今我故昔我耳。達觀者所以齊死生。亦云死生爲寤寐。誠哉是言。

與羅君章書　宋孫盛

省更生論。括囊變化。窮尋聚散。思理既佳。又指味辭致亦快。是好論也。然吾意猶有同異。以今萬物化爲異形者。不可勝數。應理不失。但隱顯有年載。然今萬化猶應多少。有還得形者無緣盡。當須冥遠。耳目不復開遂。然後乃復其本也。吾謂形既粉散。知亦如之。紛錯混淆。化爲異物。他物各失其舊。非復昔日。此有情者所以悲歎若然。則足下未可孤以自慰也。

答孫安國書　羅含

獲書文略旨辭。理亦兼情。雖欣清酬。未喻乃懷區區不已。請尋前本。本亦不謂物都不化。但化者各自得其所。化頹者亦不失其舊體。孰主陶是。載混載判。言然之至。分而不可亂也。如此豈徒一更而已哉。將與無窮而長更矣。終而復始。其數歷然。未能知今。安能知更。蓋積悲忘言。諮求所通。豈云唯慰。聊以寄散而已矣。

神不滅論　宋鄭道子

多以形神同滅照識俱盡夫所以然其可言乎十世既以周孔爲極矣仁義禮敎先結其心神明之本絶而莫言故感之所體自形已還佛唱至言悠悠弗信余墜弱喪思拔淪溺仰尋玄旨研求神要悟夫理精於形神妙於理寄象傳心麤舉其證庶鑒諸將悟遂有功於滯惑焉夫形神混會雖與生俱存至於麤妙分源則有無區異何以言之夫形也五臟六腑四肢七竅相與爲一故所以爲生當其受生則五常殊授是以肢體偏病耳目互缺無奪其爲生一形之內其猶如兹況神體靈照妙統衆形形與氣息俱運神與

妙覺同流。雖動靜相資。而精麤異源。豈非各有其本。相因爲用者耶。近取諸身。即明其理。庶可悟矣。一體所資。肌骨則痛癢所知。爪髮則知之所絕。其何故哉。豈非肌骨所以爲生。爪髮非生之本也。（南藏此下有生在本耶生之所本八字）生在本則知存。生在末則知滅。一形之用。猶以本末爲興廢。況神爲生本。其源至妙。豈得與七尺同枯戶牖俱盡者哉。推此理也。則神之不滅。居可知矣。

客難曰。子之辨神形盡矣。即取一形之內。知與不知。精矣。然形神雖麤妙異源。俱以有爲分。夫所以爲有。

則生爲其本。旣孰有本已盡。而資乎本者獨得存乎。出生之表。則廓然冥盡。旣冥盡矣。非但無所立言。亦無所立其識矣。識不立。則神將安寄。旣無所寄。安得不滅乎。答曰。子之難辯則辨矣。未本諸心。故有若斯之難乎。夫萬化皆有也。榮枯盛衰死生代乎。一形盡一形生。此有生之始終也。至於水火。則彌貫羣生。贍而不匱。豈非火體因物。水理虛順。生不自生。而爲衆生所資。因卽爲功。故物莫能竭乎。同在生域。其妙如此。況神理獨絕。器所不鄰。而限以生表冥盡。神無所寄哉。因斯而談。太極爲兩儀之母。兩儀爲萬物之本。

彼太極者渾元之氣而已。猶能總此化根。不變其一。矧神明靈極有無兼盡者耶。其爲不滅可以悟乎。

難曰。子推神照於形表。指太極於物先。誠有其義。然理貴厭心。然後談可究也。夫神形未嘗一時相違。相違則無神矣。草木之無神。無識故也。此形盡矣。神將安附。而謂之不滅哉。苟能不滅。則自乖其靈。不資形矣。既不資形。何理與形爲生。終不相違。不能相違。則生本是同。斷可知矣。答曰。有斯難也。形神有源。請爲子循本而釋之。夫火因薪則有火。無薪則無火。薪雖所以生火。而非火之本。火本自在。因薪爲用耳。若待薪然後有火則燧人之前其無火理乎火本至陽陽爲火極故薪是火所寄非其本也神形相資亦猶此矣相資相因生塗所由耳安在有形則神存無形則神盡其本惚恍不可言矣請爲吾子廣其類以明之當薪之在火則火盡出火則火生一薪未改而火前期神不賴形又如茲矣神不待形可以悟乎

難曰神不待形未可頓辨就如子言苟不待形則資形之與獨照其理常一雖曰相資而本不相關佛理所明而必陶鑄此神以濟彼形何哉答曰子之問有心矣此悠悠之所惑而未暨其本者也神雖不待形

然彼形必生。必生之形。此神必宅。必宅必生。則照感爲一。自然相濟。自然相濟。則理極於陶鑄。陶鑄則功存。功存則道行。如四時之於萬物。豈有心於相濟哉。理之所順。自然之所至耳。

難曰。形神雖異。自然相濟。則敬聞矣。子既譬神之於形。如火之在薪。薪無意於有火。火無情於寄薪。故能合用無窮。自與化永。非此薪之火。移於彼薪。然後爲火。而佛理以此形既盡。更宅彼形。形神去來。由於罪福。請問此形爲罪。爲是形耶。爲是神耶。若形也。則大冶之一物耳。若神也。則神不自濟。繫於異形。則子形神不相資之論於此而躓矣。答曰。宜有斯問。然後理可盡也。所謂形神不相資明其異本耳。既以爲生。生生之內。各周其用。苟用斯生以成罪福。神豈自妙其照。不爲此形之用耶。若其然也。則有意於賢愚。非忘照而玄會。順理玄會。順理盡形。化神宅形。予不疑於其始。彼此一理。而性於其終耶。

難曰。神卽形爲照。形因神爲用。斯則然矣。悟既由神。惑亦在神。神隨此形。故有賢愚。賢愚非神。而神爲形用。三世周迴。萬劫無算。賢愚靡始。而功顯中路。無始之理玄。而中路之功末。孰有在末之功。而拔無始之初者耶。若有嘉通。則請從後塵。荅曰。子責其始。有是言矣。夫理無始終。玄極無涯。既生既化。罪福往復。自然所生耳。所謂聰明誠由耳目。耳目之本。非聰明也。所謂賢愚誠應有始。既爲賢愚。無始可知矣。夫有物也。則不能管物。唯無物然後能爲物所歸。若有始也。則不能爲終。唯無始也。然後終始無窮。此自是理所必然。不可徵事之有始。而責神同於事。神道玄遠。至理無言。髣髴其宗。相與爲悟。而自末徵本。動失其統。所以守此一觀。庶階其峰。若肆辯競辭。余知其息矣。洪範說生之本。與佛同矣。至乎佛之所演。則多河漢。

此溺於日用耳商臣極逆後嗣隆業顏冉德行早夭無聞周孔之教自爲方內推此理也其可知矣請廣其證以究其詳夫稟靈乘和體極淯粹堯生丹朱頑凶無章不識仁義瞽瞍誕舜原生則非所育求理應傳美其事若茲而謂佛理爲迂可不悟哉

新論形神 君山未聞釋氏之教至薪火之譬後之言者乃闇與之會於論形神已設故有取焉爾

晉桓譚

余嘗過故陳令同郡杜房見其讀老子書言老子用恬淡養性致壽數百歲今行其道寧能延年卻老乎余應之曰雖同形名而質性才幹乃各異度有強弱

堅脆之姿焉。愛養適用之直差愈耳。譬猶衣履器物。愛之則完全乃久。余見其旁有麻燭。而灺垂一尺所。則因以喻事。言精神居形體。猶火之然燭矣。如善扶持。隨火而側之。可毋滅而竟燭。燭無火。亦不能獨行於虛空。又不能後然其灺。灺猶人之耆老。齒墮髮白。肌肉枯腊。而精神弗爲之能潤澤內外周徧則氣索而死。如火燭之俱盡矣。人之遭邪傷病。而不遇供養良醫者。或强死。死則肌肉筋骨常若火之傾刺風而不獲救護。亦過滅。則膚餘幹長焉。余嘗夜坐飲內中。然麻燭。燭半壓欲滅。即自勑視。見其皮有剝釳。乃扶

持轉側，火遂度而復，則維人身或有虧剝，劇能養慎
善持，亦可以得度。又人莫能識其始生時，則老亦死，
不當自知。夫古昔平和之世，人民蒙美盛而生，皆堅
强老壽，咸百年左右乃死。死時忽如卧出者，猶果物
穀實，久老則自墮落矣。後世遭衰薄惡氣，娶嫁又不
時，勤苦過度，是以身生子皆俱傷，而筋骨血氣不充
强，故多凶短折，中年夭卒。其遇病或疾痛惻怛，然後
終絶，故咨嗟憎惡，以死爲大故。昔齊景公美其國嘉
其樂，云：使古而無死，何若？晏子曰：上帝以人之殁爲
善，仁者息焉，不仁者如焉。今不思勉廣，日學自通，以

趨立身揚名。如但貪利長生。多求延壽益年。則惑之不解者也。或難曰。以燭火喻形神。恐似而非焉。今人之肌膚。時剝傷而自愈者。血氣通行也。彼蒸燭缺傷。雖有火居之。不能復全。是以神氣而生長。如火燭不能自補完。蓋其所以爲異也。而何欲同之。應曰。火則從一端起。而人神氣則於體。當從內稍出合於外。若由外腠達於內。固未必由端往也。譬猶炭火之然赤。如水過渡之。亦小滅。然復生焉。此與人血氣生長肌肉等。顧其終極。或爲灰。或爲炧耳。曷爲不可以喻哉。余後與劉伯師夜然脂火坐語。燈中脂索。而炷燋秃。

將滅息。則以示曉伯師言。人衰老亦如彼秃燈矣。又爲言前然麻燭事。伯師曰。燈燭盡。當益其脂易其燭。人老衰亦如彼自蹷纘。余應曰。人旣稟形體而立。猶彼持燈一燭。及其盡極。安能自益易。益易之乃在人。人之蹷纘亦在天。天或能爲。他其肌骨血氣充強。則形神枝而久生。惡則絶傷。猶火之隨脂燭多少長短爲遲速矣。欲燈燭自益易以不能。但促斂旁脂以染漬其頭。轉側蒸幹。使火得安居。則皆復明焉。及本盡者亦無以然。今人之養性。或能使墮齒復生。白髮更黑。肌顏光澤。如彼促脂轉燭者。至壽極亦獨死耳。明者知其難求。故不以自勞。愚者欺惑。而冀獲益脂易燭之力。故汲汲不息。又草木五穀。以陰陽氣生於土。及其長大成實。實復入土而後能生。猶人與禽獸昆蟲。皆以雄雌交接相生。生之有長。長之有老。老之有死。若四時之代謝矣。而欲變易其性。求爲異道。惑之不解者也。

沙門不敬王者論五篇并序　晉釋慧遠

晉成康之世。車騎將軍庾冰。疑諸沙門抗禮萬乘。所明理。何驃騎有答。二家論各在本集　至元興中。太尉桓公。亦同此義。謂庾言之未盡。與八座書云。佛之爲化。雖誕以茫浩推乎視聽之外以敬爲本此出處不異蓋所期者殊非敬恭宜廢也老子同王侯於三大原其所重皆在於資生通運豈獨以聖人在位而比稱二儀哉將以天地之大德曰生通生理物存乎王者故尊其神器而禮實唯隆豈是虛相崇重義存弘御而已沙門之所以生生資國存亦日用於理命豈有受其德而遺其禮沾其惠而廢其敬哉于時朝士名賢答者甚衆雖言未悟時並互有其美徒咸盡所懷而理藴於情遂令無上道服毀於塵俗亮到之心屈乎人事悲夫斯乃交喪之所由千載之否運深懼大法之

將淪感前事之不忘。故著論五篇。究敘微意。豈曰淵壑之待晨露。蓋是伸其罔極。亦庶後之君子。崇敬佛教者。式詳覽焉。

在家一

原夫佛教所明。大要以出家爲異。出家之人。凡有四科。其弘教通物。則功侔帝王。化兼治道。至於感俗悟時。亦無世不有。但所遇有行藏。故以廢興爲隱顯耳。其中可得論者。請略而言之。在家奉法。則是順化之民。情未變俗。跡同方內。故有天屬之愛。奉主之禮。禮敬有本。遂因之而成教。本其所因。則功由在昔。是故因親以教愛使民知其有自然之恩因嚴以教敬使民知有自然之重二者之來實由冥應應不在今則宜尋其本故以罪對爲刑罰使懼而後慎以天堂爲爵賞使悅而後動此皆卽其影響之報而明於教以因順爲通而不革其自然也何者夫厚身存生以有封爲滯累根深固存我未忘方將以情欲爲苑囿聲色爲遊觀耽湎世樂不能自勉而特出是故教之所檢以此爲涯而不明其外耳其外未明則大同於順化故不可受其德而遺其禮沾其惠而廢其敬是故悅釋迦之風者輒先奉親而敬君變俗投簪者必待

命而順動。若君親有疑。則退求其志。以俟同悟。斯乃佛教之所以重資生助王化於治道者也。論者立言之旨。貌有所同。故位夫內外之分。以明在三之志。略敘經意。宣寄所懷。

出家二

出家則是方外之賓。跡絕於物。其爲教也。達患累緣於有身。不存身以息患。知生生由於稟化。不順化以求宗。求宗不由於順化。則不重運通之資。息患不由於存身。則不貴厚生之益。此理之與形乖。道之與俗反者也。若斯人者。自誓始於落簪。立志形乎變服。是故凡在出家皆遯世以求其志。變俗以達其道。變俗則服章不得與世典同禮。遯世則宜高尚其跡。夫然者。故能拯溺俗於沈流。拔幽根於重劫。遠通三乘之津。廣開天人之路。如令一夫全德。則道洽六親。澤流天下。雖不處王侯之位。亦已協契皇極。在宥生民矣。是故內乖天屬之重而不違其孝。外闕奉主之恭而不失其敬。從此而觀。故知超化表以尋宗。則理深而義篤。昭泰息以語仁。則功末而惠淺。若然者。雖將面冥山而旋步。猶或恥聞其風。豈況與夫順化之民。尸祿之賢。同其孝敬者哉。

求宗不順化三

問曰。尋夫老氏之意。天地以得一爲大。王侯以體順爲尊。得一故爲萬化之本。體順故有運通之功。然則明宗必存乎體極。體極必由於順化。是故先賢以爲美談。衆論所不能異。異夫衆論者。則義無所取。而云不順化何耶。答曰。凡在有方。同稟生於大化。雖羣品萬殊。精麤異貫。統極而言。唯有靈與無靈耳。有靈則有情於化。無靈則無情於化。無情於化。化畢而生盡。生不由情。故形朽而化滅。有情於化。感物而動。動必以情。故其生不絕。其生不絕。則其化彌廣而形彌積。

情彌滯而累彌深。其爲患也。焉可勝言哉。是故經稱泥洹不變。以化盡爲宅。三界流動。以罪苦爲場。化盡則因緣永息。流動則受苦無窮。何以明其然。夫生以形爲桎梏。而生由化有。化以情感。則神滯其本。而智昏其照。介然有封。則所存唯己。所涉唯動。於是靈轡失御。生塗日開。方隨貪愛於長流。豈一受而已哉。是故反本求宗者。不以生累其神。超落塵封者。不以情累其生。不以情累其生。則生可滅。不以生累其神。則神可冥。冥神絶境。故謂之泥洹。泥洹之名。豈虛稱也哉。請推而實之。天地雖以生生爲大。而未能令生者不死。王侯雖以存存爲功而未能令存者無患。是故前論云。達患累緣於有身不存身以息患。知生生由於稟化。不順化以求宗。義存於此。義存於此。斯沙門之所以抗禮萬乘。高尚其事。不爵王侯而沾其惠者也。

體極不兼應四

問曰。歷觀前史。上皇已來。在位居宗者。未始異其原本。本不可二。是故百代同典。咸一其統。所謂唯天爲大。唯堯則之。如此。則非智有所不照。自無外可照。非理有所不盡。自無理可盡。以此而推。視聽之外。廓無所寄。理無所寄。則宗極可明。今諸沙門不悟文表之意。而惑教表之文。其爲謬也固已甚矣。若復顯然有驗。此乃希世之聞。答曰。夫幽宗曠邈。神道精微。可以理尋。難以事詰。旣涉乎教。則以因時爲撿。雖應世之具。優劣萬差。至於曲成。在用感卽民心而通其分。分至。則止其智之所不知。而不關其外者也。若然則非體極者之所不兼。兼之者不可並御耳。是以古之語大道者。五變而形名可舉。九變而賞罰可言。此但方內之階差。而猶不可頓設。況其外者乎。請復推而廣之以遠其旨。六合之外。存而不論者。非不可論。論之或乖。六合之內。論而不辯者。非不可辯。辯之或疑。春秋經世先王之志。辯而不議者。非不可議。議之者或亂。此三者。皆即其身耳目之所不至以爲關鍵。而不關視聽之外者也。因此而求聖人之意。則內外之道可合而明矣。常以爲道法之與名教。如來之與堯孔。發致雖殊。潛相影響。出處誠異。終期則同。詳而辯之。指歸可見。理或有先合而後乖。有先乖而後合。先合而後乖者。諸佛如來則其人也。先乖而後合者。歷代君王未體極之主。斯其流也。何以明之。經云。佛有自然神妙之法。化物以權。廣隨所入。或爲靈仙轉輪聖帝。或爲卿相國師道士。若此之倫。在所變現。諸王君子。莫知爲誰。此所謂合而後乖者也。或有始創大業。而功化未就。跡有參差。故所受不同。或期功於身後。或顯應於當年。聖王則之而成教者。亦不可稱算。雖抑引無方。必歸塗有會。此所謂乖而後合者也。若令乖而後合。則擬步通塗者。必不自崖於一揆。若令先合而後乖。則釋迦之與堯孔。發致不殊。斷可知矣。是故自乖而求其合。則知理會之必同。自合而求其乖。則悟體極之多方。但見形者之所不兼。故惑衆塗而駭其異耳。因茲而觀。天地之道。功盡於運化。帝王之德理極於順通。若以對夫獨絕之教。不變之宗。固不得同年而語其優劣。亦已明矣。

形盡神不滅五

問曰。論旨以化盡爲至極。故造極者必違化而求宗。求宗不由於順化。是以引歷代君王使同之佛教。令體極之至。以權居統。此雅論之所託。自必於大通者也。求之實當理則不然。何者。夫稟氣極於一生。生盡則消液而同無。神雖妙物。故是陰陽之所化耳。既化而爲生。又化而爲死。既聚而爲始。又散而爲終。因此而推。固知神形俱化。原無異統。精麤一氣。始終同宅。

宅全則氣聚而有靈宅毁則氣散而照滅散則反所受於天本滅則復歸於無物反覆終窮皆自然之數耳孰爲之哉若令本異則異氣數合合則同化亦爲神之處形猶火之在木其生必存其毁必滅形離則神散而罔寄木朽則火寂而靡託理之然矣假使同異之分昧而難明有無之說必存乎聚散聚散氣變之總名萬化之生滅故莊子曰人之生氣之聚聚則爲生散則爲死若死生爲彼徒苦吾又何患古之善言道者必有以得之若果然耶至理極於一生生盡不化義可尋也答曰夫神者何耶精極而爲靈者也

精極則非卦象之所圖故聖人以妙物而爲言雖有上智猶不能定其體狀窮其幽致而談者以常識生疑多同自亂其爲誣也亦已深矣將欲言之是乃言夫不可言今於不可言之中復相與而依俙神也者圓應無生妙盡無名感物而動假數而行感物而非物故物化而不滅假數而非數故數盡而不窮有情則可以物感有識則可以數求數有精麤故其性各異智有明闇故其照不同推此而論則知化以情感神以化傳情爲化之母神爲情之根情有會物之道神有冥移之功但悟徹者反本惑理者逐物耳古之

論道者。亦未有所同。請引而明之。莊子發玄音於大宗曰。大塊勞我以生。息我以死。又以生爲人羈。死爲反眞。此所謂知生爲大患。以無生爲反本者也。文子稱黄帝之言曰。形有靡而神不化。以不化乘化。其變無窮。莊子亦云。特犯人之形。而猶喜若人之形。萬化而未始有極。此所謂知生不盡於一化。方逐物而不反者也。二子之論雖未究其實。亦嘗傍宗而有聞焉。論者不尋無方生死之説。而惑聚散於一化。不思神道有妙物之靈。而謂精麤同盡。不亦悲乎。火木之喻原自聖典。失其流統。故幽興莫尋。微言遂淪於常教。

令談者資之以成疑。向使時無悟宗之匠，則不知有先覺之明。冥傳之功，沒世靡聞。何者？夫情數相感，其化無端，因緣密搆，潛相傳寫，自非達觀，孰識其變？自非達觀，孰識其會？請爲論者驗之以實。火之傳於薪，猶神之傳於形；火之傳異薪，猶神之傳異形。前薪非後薪，則知指窮之術妙；前形非後形，則悟情數之感深。惑者見形朽於一生，便以謂神情俱喪，猶覩火窮於一木，謂終期都盡耳。此曲從養生之談，非遠尋其類者也。就如來論，假令神形俱化，始自天本，愚智資生，同稟所受。問所受者，爲受之於形耶？爲受之於神耶。若受之於形。凡在有形皆化而爲神矣。若受之於神。是以神傳神。則丹朱與帝堯齊聖。重華與瞽瞍等靈。其可然乎。其可然乎。如其不可。固知冥緣之構著於在昔。明闇之分定於形初。雖靈均善運。猶不能變性之自然。況降茲已還乎。驗之以理。則微言而有徵。效之以事。可無惑於大道。

論成後。有退居之賓。步朗月而宵遊。相與共集法堂。因而問曰。敬尋雅論。大歸可見。殆無所間。一日試重研究。蓋所未盡。亦少許處耳。意以爲沙門德式。是變俗之殊制。道家之名器。施於君親。固宜略於形敬。今所疑者謂甫創難就之業遠期化表之功潛澤無現法之效來報玄而未應乃今王公獻供信士屈體得無坐受其德陷乎早計之累虛沾其惠貽夫素餐之譏耶主人良久乃應曰請爲諸賢近取其類有人於此奉宣時命遠通殊方九譯之俗問王者以當資以粻糧錫以轝服不答曰然主人曰類可尋矣夫稱沙門者何耶謂其發蒙俗之幽昏啟化表之玄路方將以兼忘之道與天下同往使希高者挹其遺風漱流者味其餘津若然雖大業未就觀其超步之跡所悟固已弘矣然則運通之功資存之益尚未酬其始誓

之心。況答三業之勞乎。又斯人者。形雖有待。情無近寄。視夫四事之供。若蟭蚊之過乎其前者耳。濡沫之惠復焉足語哉。衆賓於是始悟冥塗以開轍爲功。息心以淨畢爲道。乃欣然怡襟。詠言而退。晉元興三年。歲次閼逢。于時天子蒙塵。人百其憂。凡我同志。僉懷綴旒之歎。故因述斯論焉。

沙門袒服論

釋慧遠

或問曰。沙門袒服。出自佛教。是禮與。答曰。然。問曰。三代殊制。其禮不同。質文之變。備於前典。而佛教出乎其外。論者咸有疑焉。若有深致。幸誨其未聞。答曰。玄古之民大朴未虧其禮不文三王應世故與時而變因茲以觀論者之所執方內之格言耳何以知其然中國之所無或得之於異俗其民不移故其道未亡是以天竺國法盡敬於所尊表誠於神明率皆袒服所謂去飾之甚者也雖記籍未流茲土其始似有聞焉佛出於世因而爲教明所行不左故應右袒何者將辨貴賤必存乎位位以進德則尚賢之心生是故沙門越名分以背時不退己而求先又人之所能皆在於右若動不以順則觸事生累過而能復雖中賢猶未得況有下於此者乎請試言之夫形以左右成

體。理以邪正爲用。二者之來。各乘其本。滯根不拔。則事求愈應。而形理相資。其道微明。世習未移。應微難辨。袒服既彰。則形隨事感。理悟其心。以御順之氣。表誠之體。而邪正兩行。非其本也。是故世尊以袒服篤其誠。而閑其邪。使名實有當。敬慢不雜。然後開出要之路。導眞性於久迷。令淹世之賢。不自絶於無分。希進之流。不惑塗而旋步。於是服膺聖門者。咸履正思順。異跡同軌。緇素風而懷古。背華俗以洗心。尋本達變。即近悟遠。形服相愧。理深其感。如此。則情化專向。修之弗倦。動必以順。不覺形之自恭。斯乃如來勸誘之外因。斂麤之妙跡。而衆談未喻。或欲革之。反古之道。何其深哉。

難袒服論　何鎮南

見答問袒服指訓兼弘。標末文於玄古。資形理於近用。使敬慢殊流。誠服俱盡。殆無間然。至於所以明順猶有未同。何者。儀形之設。蓋在時而用。是以事有內外。乃可以淺深應之。李釋之與周孔。漸世之與遺俗。在於因循不同。必無逆順之殊明矣。故老明兵凶處右。禮以喪制不左。且四等窮奉親之至。三驅顯王跡之仁。在後而要。其旨可見。寧可寄至順於凶事。表吉誠於喪容哉。鄭伯所以肉袒。亦猶許男輿櫬。皆自以所乘者逆。必受不測之罰。以斯而證。順將何在。故率所懷。想更詳盡。令內外有歸。

答何鎮南　　釋慧遠

敬尋問旨。蓋是開其遠塗。照所未盡。令精麤並順。內外有歸。三復斯誨。所悟良多。常以爲道訓之與名教。釋迦之與周孔。發致雖殊。而潛相影響。出處誠異。終期則同。但妙跡隱於常用。指歸昧而難尋。遂令至言隔於世典。談士發殊塗之論。何以知其然。聖人因弋釣以去其甚。順四時以簡其煩。三驅之禮。失前禽而弗吝。網罟之設。必待化而方用。上極行葦之仁。內匹釋迦之慈。使天下齊己。物我同觀。則是合抱之一毫。豈直有間於優劣。而非相與者哉。然自跡而尋。猶大同於兼愛。遠求其實。則階差有分。分外之所通。未可勝言。故漸茲以進德。令事顯於君親。從此而觀。則內外之教可知。聖人之情可見。但歸塗未啟。故物莫之識。若許其如此。則袒服之義。理不容疑。來告記謂宜更詳盡。故復究敘本懷。原夫形之化也。陰陽陶鑄受左右之體。昏明代運。有死生之說。人情咸悅生而懼死。好進而惡退。是故先王即順民性。撫其自然。令吉凶殊制。左右異位。由是吉事尚左。進爵以厚其生。凶事尚右。哀容以毀其性。斯皆本其所受。因順以通教。感於事變。懷其先德者也。世之所貴者。不過生存。生存而屈伸進退。道盡於此。淺深之應。於是乎在。沙門則不然。後身退己。而不謙卑。時來非我。而不辭辱。卑以自牧謂之謙。居衆人之所惡謂之順。謙順不失其本。則日損之功易積。出要之路可遊。是故遁世遺榮。反俗而動。動而反俗者。與夫方內之賢。雖貌同而實異。何以明之。凡在出家者。達患累緣於有身。不存身以息患。知生生由於稟化。不順化以求宗。推此而言。

固知發軫歸塗者。不以生累其神。超落世務者。不以情累其生。不以情累其生。則生可絕。不以生累其神。則神可冥。然則向之所謂吉凶成禮奉親事君者。蓋是一域之言耳。未始出於有封。有封未出。則是翫其文而未達其變。若然。方將滯名教以徇生。乘萬化而背宗。自至順而觀。得不曰逆乎。漸世之與遺俗。指存於此。

明報應論并問　釋慧遠

問曰。佛經以殺生罪重。地獄斯罰。冥科幽司。應若影響。余有疑焉。何者。夫四大之體。卽地水火風耳。結而成身以爲神宅。寄生栖照。津暢明識。雖託之以存。而其理天絶。豈唯精麤之間。固亦無受傷之地。滅之旣無害於神。亦由滅天地間水火耳。又問。萬物之心。愛欲森繁。但私我有已。情慮之深者耳。若因情致報。乘惑生應。則自然之道。何所寄哉。

答曰。意謂此二條。始是來問之關鍵。立言之津要。津要旣明。則羣疑同釋。始涉之流。或因茲以悟。可謂朗滯情於常識之表。發奇唱於未聞之前。然佛教深玄。微言難辯。苟未統夫指歸。亦焉能暢其幽致。當爲依傍大宗。試叙所懷。推夫四大之性。以明受形之本。則假於異物。託爲同體。生若遺塵。起滅一化。此則慧觀之所入。智刃之所遊也。於是乘去來之自運。雖聚散而非我。寓羣形於大夢。實處有而同無。豈復有封於所受。有係於所戀哉。若斯理自得於心。而外物未悟。則悲獨善之無功。慼先覺而興懷。於是思弘道以明訓。故仁恕之德存焉。若彼我同得。心無兩對。遊刃則泯一玄觀。交兵則莫逆相遇。傷之豈唯無害於神。固亦無生可殺。此則文殊案劍。跡逆而道順。雖復終日揮戈。措刃無地矣。若然者。方將託鼓舞以盡神。運干鏚而成化。雖功被猶無賞。何罪罰之有耶。若反此而尋其源則報應可得而明推事而求其宗則罪罰可得而論矣嘗試言之夫因緣之所感變化之所生豈不由其道哉無明爲惑網之淵貪愛爲衆累之府二理俱遊冥爲神用吉凶悔吝唯此之動無明掩其照故情想凝滯於外物貪愛流其性故四大結而成形形結則彼我有封情滯則善惡有主有封於彼我則私其身而身不忘有主於善惡則戀其生而生不絕於是甘寢大夢昏於同迷抱疑長夜所存唯著是故失得相推禍福相襲惡積而天殃自至罪成則地獄斯罰此乃必然之數無所容疑矣何者會之有本則

理自冥對兆之雖微勢極則發是故心以善惡爲形聲報以罪福爲影響本以情感而應自來豈有幽司由御失其道也然則罪福之應唯其所感感之而然故謂之自然自然者卽我之影響耳於夫主宰復何功哉請尋來問之要而驗之於實難旨全許地水火風結而成身以爲神宅此卽宅有主矣問主之居宅有情耶無情耶若云無情則四大之結非主宅之所感若以感不由主故處不以情則神之居宅無情無痛痒之知神既無知宅又無痛痒以接物則是伐卉翦林之喻無明於義若果有情四大之結是主之所

慼也。若以慼由於主。故處必以情。則神之居宅。不得無痛痒之知。神既有知。宅又受痛痒。以接物固。不得同天地間水火風明矣。因茲以談。夫神形雖殊。相與而化。內外誠異。渾爲一體。自非達觀。孰得其際耶。苟未之得。則愈久愈迷耳。凡稟形受命。莫不盡然也。受之既然。各以私戀爲滯。滯根不拔。則生理彌固。愛源不除。則保之亦深。設一理逆情。使方寸迷亂。而況舉體都亡乎。是故同逆相乘。共生讎隙。禍心未冥。則構怨不息。縱復悅畢受惱。情無遺憾。形聲既著。則影響自彰。理無先期。數合使然也。雖欲逃之。其可得乎。此

則因情致報乘感生應但立言之旨本異故其會不同耳

問曰若以物情重生不可致喪則生情之由私戀之惑耳宜朗以達觀曉以大方豈得就其迷滯以爲報應之對哉答曰夫事起必由於心報應必由於事是故自報以觀事而事可變舉事以責心而心可反推此而言則知聖人因其迷滯以明報應之對不就其迷滯以爲報應之對也何者人之難悟其日固久是以佛教本其所由而訓必有漸知久習不可頓廢故先示之以罪福罪福不可都忘故使權其輕重輕重

權於罪福則驗善惡以宅心善惡滯於私戀則推我以通物二理兼弘情無所係故能尊賢容眾恕己施安遠尋影響之報以釋往復之迷迷情旣釋然後大方之言可曉保生之累可絕夫生累者雖中賢猶未得豈常智之所達哉

三報論因俗人疑善惡無現驗作　　釋慧遠

經說業有三報一曰現報二曰生報三曰後報現報者善惡始於此身卽此身受生報者來生便受後報者或經二生三生百生千生然後乃受受之無主必由於心心無定司感事而應應有遲速故報有先後

先後雖異。咸隨所遇而爲對。對有强弱。故輕重不同。斯乃自然之賞罰。三報之大略也。非夫通才達識。入要之明。罕得其門。降茲已還。或有始涉大方。以先悟爲蓍龜。博綜內籍。反三隅於未聞。師友仁匠。習以移性者。差可得而言。請試論之。夫善惡之興。由其有漸。漸以之極。則有九品之論。凡在九品。非其現報之所攝。然則現報絕夫常類可知。類非九品。則非三報之所攝。何者。若利害交於目前。而頓相傾奪。神機自運。不待慮而發。發不待慮。則報不旋踵而應。此現報之一隅。絕夫九品者也。又三業殊體。自同有定報。定則時來必受，非祈禱之所移，智力之所免也。將推而極之，則義深數廣，不可詳究。故略而言之，相參懷佛教者，以有得之世或有積善而殃集，或有凶邪而致慶。此皆現業未就，而前行始應。故曰禎祥遇禍，妖孽見福，疑似之嫌，於是乎在。何以謂之然，或有欲匡主救時，道濟生民，擬步高跡，志在立功，而大業中傾，天殃頓集，或有棲遲衡門，無悶於世，以安步爲輿，優遊卒歲，而時來無妄，運非所遇，世道交淪，於其閑習，或有名冠四科，道在入室，全愛體仁，慕上善以進德，若斯人也，含冲和而納疾，履信順而夭年，此皆立功立德之舛變疑嫌之所以生也大義既明宜尋其對對各有本待感而發逆順雖殊其揆一耳何者倚伏之契定於在昔冥符告命潛相迴換故令禍福之氣交謝於六府善惡之報舛互而兩行是使事應之際愚智同惑謂積善之無慶積惡之無殃感神明而悲所遇慨天殃之於善人咸謂名教之書無宗於上遂使大道翳於小成以正言爲善誘應心求實必至理之無此原其所由由世典以一生爲限不明其外其外未明故尋理者自畢於視聽之內此先王卽民心而通其分以耳目爲關鍵者也如令合內外之道以求弘

教之情則知理會之必同不惑衆塗而駭其異若能覽三報以觀窮通之分則尼父之不答仲由顔冉對聖匠而如愚皆可知矣亦有緣起而緣生法雖預入諦之明而遺愛未忘猶以三報爲華苑或躍而未離于淵者也推此以觀則知有方外之賓服膺妙法洗心玄門一詣之感超登上位如斯倫匹宿殃雖積功不在治理自安消非三報之所及因茲而言佛經所以越名教絶九流者豈不以疏神達要陶鑄靈府窮源盡化鏡萬象於無象者也

弘明集卷第五

音釋

炧待可切音舵燭餘也　**腊**音昔乾肉曰腊　**鈠**許乞切音迄乘輿馬頭上插以翟尾曰方鈠

纘祖管切音纂繼也　**閼**阿葛切音遏遮壅也止也塞也又太歲在甲曰閼逢　**鏚**倉歷切同戚干鏚斧鉞也

弘明集卷第六

梁楊都建初寺釋僧祐集

釋駮論并序

晉釋道恆

晉義熙之年。如聞江左袁何二賢。並商略治道。諷刺時政。雖未覩其文。意者似依傍韓非五蠹之篇。遂譏世之闕。發五横之論。而沙門無事。猥落其例。余恐眩曜時情。永淪邪惑。不勝憤惋之至。故設賓主之論以釋之。

有東京束教君子。詰於西鄙傲散野人曰。僕曾預聞佛法沖邃。非名教所議。道風玄遠。非器象所擬。淸虛簡勝非近識所闚妙絶羣有非常情所測故每爲時君之所遵崇貴達之所欽仰於是衆庶朋契雷同奔向咸共嗟詠稱述其美云若染漬風流則精義入微研究理味則妙契神用澡塵垢於胸心脫桎梏於形表超俗累於籠樊邈世務而高蹈論眞素則夷齊無以踰其操遺榮寵則巢許無以過其志味玄旨則顏冉無以參其風去紛穢則松喬無以比其潔信如所談則義無間然矣但今觀諸沙門通非其才羣居猥雜未見秀異混若涇渭渾波泯若薰蕕同篋若源清則津流應鮮根深則條穎必茂考其言行而始終不

倫究其本末幾有無校僕之所以致怪良由於此如
皇帝之忘智據梁之失力皆在鑪錘之間陶鑄以成
聖者苟道不虛行才必應器然沙門既出家離俗高
尚其志違天屬之親捨榮華之重毀形好之飾守清
節之禁研心唯理屬己唯法投足而安蔬食而已使
德行卓然爲時宗仰儀容邕肅爲物軌則然觸事蔑
然無一可採何其棲託高遠而業尚鄙近至於營求
孜伋無暫寧息或墾殖田圃與農夫齊流或商旅博
易與衆人競利或矜恃醫道輕作寒暑或機巧異端
以濟生業或占相孤虛妄論吉凶或詭道假權要射

時意。或聚畜委積頤養有餘。或指掌空談。坐食百姓。斯皆德不稱服。行多違法。雖暫有一善。亦何足以標高勝之美哉。自可廢之。以一風俗。此皆無益於時政。有損於治道。是執法者之所深疾。有國者之所大患。且世有五横。而沙門處其一焉。何以明之。乃大設方便。鼓動愚俗。一則誘喻。一則迫愶。云行惡必有累劫之殃。修善便有無窮之慶。論罪則有幽冥之伺。語福則有神明之祐。敦厲引導。勸行人所不能行。逼强切勒勉爲人所不能爲。上減父母之養。下損妻孥之分。會同盡餚饍之甘。寺廟極壯麗之美。割生民之珍玩。

崇無用之虛費。罄私家之年儲。闕軍國之資實。張空聲於將來。圖無象於未兆。聽其言。則洋洋而盈耳。觀其容。則落落而滿目。考現事以求徵。並未見其驗。眞所謂擊影捕風。莫知端緒。亮僕情之所未安。有識者之所巨惑。若有嘉信。請承下風。脫有暫悟。永去其滯矣。主人憮然有間。慨爾長歎。咄。異哉。子之所陳。何其陋也。夫鄙俗不可以語大道者。滯於形也。曲士不可以辯宗極者。局於名也。今將爲子略舉一隅。自可思反其宗矣。蓋聖人設教。應器投法。受量有限。故化之以漸。録善心於毫端。忘鄙吝於巨壑。片行之善。永爲身貧一念之福終爲神用始覆一簣不可責以爲山之功方趣絶境不中窮以括囊之實然海之所以稱大者由無皦潔之清道之所以稱晦跡者以無赫然之觀夫慈親婉孌有心之所滯而沙門遺之如脱屣名位財色世情之所重而沙門視之如秕糠可謂忍人所不能去斯乃標尙之雅趣弘道之勝事而云蔑然豈非妙賞之謂乎又且志業不同歸向塗乖岐逕分轍不相領悟未見秀異故其宜耳古人每歎才之爲難信矣周號多士亂臣十八唐虞之盛元凱二八孔門三千並海內翹秀簡充四科數不盈十於中伯

牛廢疾。回也六極。商也慳悋。賜也貨殖。予也難雕。由也凶愎。求也聚斂。任不稱職。仲弓雖騂。出於犂色。而舉世推德。爲人倫之宗。欽尚高軌。爲搢紳之表。百代詠其遺風。千載仰其景行。至於沙門。乃苦其剗節。酷相瓦礫。斯豈君子弘通之道。雅正之論哉。此由惑人入班輸之作坊。不稱指南之巧妙。但譏拙者之傷手。眞可謂服膺下流。志存鄙劣。昔丞相問客。俗言鵄梟食母。寧有是乎。客答。但聞慈烏反哺耳。相乃悵然自愧失言。今子處心。將無似相之問也。君子遏惡揚善。反是謂何。又云投足而安。且林野蕭條。每有寇盗之患城傍入出動嬰交遊之譏處身非所則招風塵之累婆娑田里則犯人間之論二三無可進退唯谷宇宙雖曠莫知所厝又云蔬餐而已夫人間有不贍之匱山澤無委積之儲方宜取給復乘之以法所向九折於何得立若堂堂聖世而有首陽之餓夫明明時雍而有赴海之死客於雅懷何如然體無毛羽不可袒而無衣腹非匏瓜不可縶而不食自未造極要有所資年豐則取足於百姓時儉則肆力以自供誠非所宜事不得已故蝮蛇螫手斬以求全推其輕重蓋所存者大雖營一己不求無獲求之不必一塗但令

濟之有理亦何嫌多方以爲煩穢其欲役使不得妄
動何故執之甚乎昔伯成躬耕以墾殖沮溺耦作以
修農陶朱商賈以營生於陵灌蔬以自供崔文賣藥
以繼乏君平卜筮以補空張衡術數以馳名馬鈞奇
巧以騁功此等直是違俗遁世之人耳未正見有逸
然絕塵與物天隔而咸共嗟詠不輟於口然沙門之
中跡超諸人恥與流輩動有萬數至於體道神化超
落人封非可算計而未曾致言何其黨乎宜共思校
事實不可古今殊論衆寡異辭希簡爲貴猥多致賤
恐非求精覈理之譚也云自可廢之以一風俗是何

言歟。聖人不誣十室。三人必有師資。芳蘭並茂。而欲蘊崇焚之。不亦暴乎。其中自有德宇淵邃。器標時望。或翹楚皦潔。棲寄清遠。或禪思入微。澄神絕境。或敷演微言。散幽釋滯。或精勤福業。勸化崇善。凡出家之本。落髮抽簪之日。皆心口獨誓。情到懇至。雖生死彌綸。玄塗長遠。要自驅策。必階於道。金輪之榮。忽若塵垢。帝釋之重。蔑若秕糠。始者精誠。乃有所感。自非一舉頓詣。體備圓足。其間何能不有小失。且當錄其眞素。略舉玄黃。安渾舉一槩。無復甄別。不可以管蔡之釁。姬宗盡誅。四凶之暴。合朝流放。此無異人苦頭蝨。

因欲弃首俱焚。患在足刺。遂欲通股全解。不亦濫乎。云無益於時政。有損於治道。夫弘道者之益世。物有日用而不知。故老氏云。無爲之化。百姓皆曰我自然。斯言當矣。是以干木高枕。而魏國大治。庚桑善誨。而環壘歸仁。沙門在世。誠無目前考課之功。名教之外。實有冥益。近取五戒訓物。非六經之疇。遠以八難幽嶮。非刑法之匹。請以三藏銓罪。非律令之流。暢以般若辯惑。非老莊之謂。道品無漏。拔苦因緣。則存而不論。周孔之教。理盡形器。至法之極。兼練神明。精麤升降。不可同日而語。其優劣矣。昔孛助化以道佐治國境晏然。民知其義。年豐委積。物無疵厲。非益謂何。云世有五横。沙門處其一焉。凡言横者。以其志無業尙。散誕莫名。或博奕放蕩而傾竭家財。或名挂編戶。而浮游卒歲。或尸祿素餐而莫肯用心。或執政居勢。而漁食百姓。或馳競進趣。而公私並損。或肆暴姦虐。而動造不軌。斯皆傷教亂正。大敗風俗。由是荀悅奮筆。而遊俠之論興。韓非彈毫。而五蠹之文作。以之爲横。理故宜然。施之沙門。不亦誣乎。國家方上與唐虞競巍巍之美。下與殷周齊郁郁之化。不使箕潁專有傲世之賓。商洛獨標嘉遁之客。甫欲大扇逸民之風。崇肅方外之士。觀子處懷。經略時政。乃欲踵亡秦虎狼之嶮術。襲商韓剋薄之弊法。坑焚儒典。治無綱紀。制太半之稅。家無游財。設三五之禁。備民如賊。天下熬然。人無聊生。使嬴氏之族。不訖於三世。二子之禍。卽戮於當時。臨刑之日。方乃追恨始者立法之謬。本欲寧國靜民。不意堤防太峻。反不容己。事既往矣。何嗟之及。云一則誘喻。一則迫脅。且衆生緣有濃薄。才有利鈍。解有難易。行有淺深。是以啟誨之道不一。悟發之由不同。抑揚頓挫。務使從善。斯乃權謀之警策。妙濟之津梁。殊非誘迫之謂也。云罪則冥伺。福則神祐。

夫含德至淯則衆善歸焉。易曰。履信思順。自天祐之。吉無不利。又曰。爲不善於幽昧之中。鬼得而誅之。豈非冥伺神明之祐哉。善惡之報。經有誠證。不復具列。云會盡餚饍。寺極壯麗。此修福之家。傾竭以儲將來之資。殫盡自爲身之大計耳。殆非神明歆其壯麗。衆僧貪其滋味。猶農夫之播殖。匠者之構室。將擇楨材。以求堂宇之飾。精簡種子。以規嘉穀之實。故稼穡必樹於沃壤之地。卜居要選於爽塏之處。是以知三尊爲衆生福田。供養自修己之功德耳。云割生民之珍玩。崇無用之虛費。夫博施兼愛。仁者之厚德。崇飾宗廟孝敬之至心。世教若此。道亦如之。物有損之而益。爲之必獲。且浮財猶糞土。施惠爲神用。譬朽木之爲舟。乃濟度之津要。何虛費之有哉。欲端坐而望自然。拱嘿以希安樂。猶無柯而求伐。不食而徇飽。焉可得乎。苟身之不修。己爲困矣。何必乃蔽百姓之耳目。擁天下之大善。旣自飲毒。復欲鴆人。何酷如之。可謂亡我陷彼。相與俱禍。是以盲聾瘖瘂之對。經幽處彌劫之殃。調達之報。歷地獄無間之苦。云罄私家之年儲。闕軍國之資實。聖王御世。淯風遐被。震道綱以維六合。布德網以籠羣儁。川無扣浿之夫。谷無含歎之士。

四民咸安其業。百官各盡其分。海內融通。九州同貫。戎車於是寢駕。甲士卻走以糞。嘉穀委於中田。倉儲積而成朽。童稚進德日新。黃髮盡於眉壽。當共擊壤以頌太平。鼓腹以觀盛化。予何多慮之深。橫憂時之不足。不亦過乎云。悋大官而腫口。臨滄海而攝腹。眞子之謂也。云繫影捕風。莫知端緒。夫僞辯亂眞。大聖之所悲嗟。時不識寶。卞和所以慟哭。然妙旨希夷。而體之者道。沖虛簡詣。而會之者得。用遠能津梁頽溺。拔幽拯滯。美濟當時。化流無外。故神暉一震。則感動大千。睿澤暫灑。則九州蒙潤。是以釋梵悟幽旨而歸誠。帝王望玄宗而委質。八部挹靈化而洗心。士庶觀眞儀而奔至。落落焉故非域中之名教。肅肅焉殆是方外之冥軌。然垣牆峭峻。故罕得其門。器宇幽邃稀入其室。是以道濟彌綸。而理與之乖。得包無際。而事與之隔。子執迷自畢。没齒不悟。蓋有以也。夫日月麗天。而瞽者莫覩其明。雷電震地。而聾者不聞其響。是誰之過與。而方欲議宮商之音。蔑文章之觀。眞過之甚者。昔文鱗改視於初曜。須跋開聽於後緣。子何辜之不幸。獨懷疑以終年。比衆人之所悲。最可悲之所先。於是逡巡退席。悵然自失。良久曰。聞大道之說彌貫古今。大判因緣。窮理盡性。立理不爲當年。弘道不期一世。可謂原始會終。歸於命矣。僕實滯寢長夜。未達其旨。故每造有封。今幸聞大夫之餘論。結解疑散。豁然醒覺。若披重霄以覩朗日。發蒙蓋而悟眞慧。僕誠不敏。敬奉嘉誨矣。

正二教論 道上有爲夷夏論者故作此以正之。 南齊明僧紹

及聞殊論。銳言置家。有懼誣聖。將明其歸。故先詳正所證二經之句。庶可兩悟幽津。

論稱道經云。老子入關之于天竺維衛國。國王夫人。名曰清妙。老子因其晝寢。乘日之精。入清妙口中。後

年四月八日夜半時剖右腋而生墮地即行七步舉手指天曰天上天下唯我爲尊三界皆苦何可樂者於是佛道興焉事在玄妙內篇此是漢中眞典非穿鑿之書正曰道家之旨其在老氏二經敷玄之妙備乎莊生七章而得一盡靈無閒形變之奇彭殤均壽未覩無死之唱故恬其天和者不務變常安時處順夫何取長生若乘日之精入口剖腋年事不符託異合說稱非其有誕議神化秦漢之妄妖延魏晉言不經聖何云眞典乎

論稱佛經云釋迦成佛已有塵劫之數或爲儒林之宗國師道士此皆成實正經非方便之說也正曰佛經之宗根明極

教而三世無得。俗證覺道非可事顯。然精深所會。定慧有徵於內。緣感所應因果無妄於外。夫釋迦發窮源之眞唱。以明神道之所通也。故其練精研照。非養正之功微。善階極異。殆庶自崖。道濟在忘形。而所貴非全生。生生不貴。存存何功。忘功而功著。寂滅而道常。出乎無始。入乎無終。靡應非身。塵劫非遐。此其所以爲教也。

論曰。二經之旨。若合符契。正曰。夫佛開三世。故圓應無窮。老止生形。則教極澆湻。所以在形之教。不議殊生。圓應之化。爰盡物類。是周孔老莊。誠帝王之師。而非前說之證。既開塞異教。文違符合之驗矣。

論曰。道則佛也。佛則道也。正曰。既教有方圓。豈覩其同。夫由佛者。固可以權老。學老者。安取同佛。苟挾競慕高。撰會雜妄。欲因其同。樹邪去正。是乃學非其學。自漏道蠹。祇多不量。見恥守器矣。

論曰。其入不同。其爲必異。各成其性。不易其事。又曰。或照五典。或布三乘。教在華而華言。化夷而夷語。又曰。佛道齊乎達化。而有夷夏之別。正曰。寂感遂通。在物必暢。佛以一音。隨類受悟。在夷之化。豈必三乘。教華之道。何拘五教。沖用因感。既夷華未殊。而俗之所異。孰乖聖則。雖其入不同。然其教自均也。

論曰。端委搢紳。諸華之容也。翦髮緇衣。羣夷之服也。

正曰。將求理之所貴。宜先本禮俗。沿襲異道。唯其時物。故君子豹變。民文先革。顓孫膺訓。喪志學殷。夫致德韶武。則禪代異典。後聖有作。豈限夷華。況由之極教。必拘國服哉。是以繫其恆方。而迷深動蹟矣。水陸既變。致遠有節。舟車之譬。得無翩乎。而刻船守株。固以兩見所歸。

論曰。下棄妻孥。上廢宗祀。嗜欲之物。咸以禮伸。孝敬之典。獨以法屈。悖德犯順。曾莫之覺。又曰。全形守祀。

繼善之教也。毀貌易姓。絕惡之學也。理之可貴者道。事之可賤者俗。正曰。今以廢宗祀爲犯順。存嗜欲以申禮。則是孝敬之典。在我爲得。俗無必賤矣。毀貌絕惡自彼爲鄙。道無必貴矣。變俗拘舊。崇華尙禮。貴賤迭置。義成獨說。徒欲蠹溺於凡觀。豈期卒埋於聖言耶。

論曰。泥洹仙化。各是一術。佛號正眞。道稱正一。一歸無死。眞會無生。正曰。侯王得一而天下貞。莫議仙化。死而不亡者壽。不論無死。臆說誣濫。辭非而澤。大道既隱。小成互起。誠哉是言。其諸誣詭謗慢。欲以苟濟其違。求之聖言。固不容譏矣。今之道家所教。唯以長生爲宗。不死爲主。其練映金丹。餐霞餌玉。靈升羽蛻。尸解形化。是其託術。驗之而竟無覩其然也。又稱其不登仙。死則爲鬼。或召補天曹。隨其本福。雖大乖老莊立言本理。然猶可無違世教。損欲趣善。乘化任往。忘生生存存之旨。實理歸於妄。而未爲亂常也。至若張葛之徒。又皆雜以神變化俗。怪誕惑世。符呪章劾。咸託老君所傳。而隨稍增廣。遂復遠引佛教。證成其僞。立言舛雜。師學無依。考之典義。不然可知。將令眞妄渾流。希悟者永惑。莫之能辯。誣亂已甚矣。

客既悉於佛老之正。猶未值其津。今將更麤言其隅。而使自反焉。夫理照研心。二教兩得。乃可動靜兼盡。所遇斯乘也。老子之教。蓋修身治國。絶棄貴尚。事止其分。虛無爲本。柔弱爲用。內視反聽。深根寧極。渾思天元。恬高人世。浩氣養和。失得無變。窮不謀通。致命而俟。達不謀己。以公爲度。此學者之所以詢仰餘流。而其道若存者也。安取乎神化無方。濟世不死哉。其在調霞羽蛻。精變窮靈。此自繕積前。成生甄異氣。故雖記奇之者有之。而言理者弗由矣。稽之神功。爰及物類。大若麟鳳怪瑞。小則雀雉之化。夫既一受其形。

而希學可致乎至乃顏孔道鄰親資納之極固將仰靈塵而止欲從未由則分命之不妄有推之可明矣故仲尼貴知命而必有所不言伯陽去奇尚而固守以無爲皆將以抑其誕妄之所自來也然則窮神盡教固由之有宗矣道成事得各會之有元矣夫行業著於前生而强學以求致其功積習成於素孱而橫慕以妄易其爲首燕求越其希至何由哉故學得所學而學以誠也爲其可爲而爲可致也則夫學鏡生靈中天設教觀象測變存而不論經世之深孔老之極也爲於未有盡照窮緣殊生其理練僞歸眞神功

之正佛教之弘也是乃佛明其宗老全其生守生者蔽明宗者通然靜止大方乃雖蔽而非妄動由其宗則理通而照極故必德貴天全自求其道崇本資通功歸四大不謀非然守教保常孔老之純得所學也超宗極覽尋流討源以有生爲塵毒故息敬於君親不驚議其化異不執方而駭奇妙寂觀以拓思功積見而要來則佛教之粹明於爲也故夫學得所學則可以資全生靈而教尊域中矣明爲於爲將乃滅習反流而邈天人矣過此已往未之或知洗慮之得其將在茲

門論

南齊張融

吾門世恭佛舅氏奉道道也與佛逗極無二寂然不動致本則同感而遂通達迹成異其猶樂之不沿不隔五帝之祕禮之不襲三皇之聖豈三與此皆殊時故不同其風異世故不一其義安可輒駕庸愚誣網神極吾見道士與道人戰儒墨道人與道士獄是非昔有鴻飛天道積遠難亮越人以爲鳧楚人以爲乙人自楚越耳鴻常一鴻乎夫澄本雖一吾自俱宗其本鴻迹既分吾已翔其所集汝可專遵於佛迹而無侮於道本書與二何兩孔周剡山茨少子致書諸遊

生者曰。張融白。鳥哀鳴於將死。人善言於就暮。頃既病盛生衰。此亦魂留幾氣。況鶩舟失柂於空壑。山足無絆於澤中。故視陰之間雖寸每遽。不縫不徙也。欲使魄後餘意繩墨弟姪。故爲門律數感其一章。通源二道。今奏諸賢。以爲何若。

難張長史門論并問答三首　南齊周顒

周剡山茨歸書少子曰。周顒頓首。懋製來班。承復峻其門。則參子無踞。誠不待獎。敬尋同本。有測高心。雖神道所歸。吾知其主。然自釋之外。儒綱爲弘。過此而能與仲尼相若者。黄老實雄也。其敎流漸。非無邪弊。

素樸之本義有可崇吾取捨舊懷麤有涇渭與奪之際不至朱紫但蓄積懷抱未及厝言耳途軌乖順不可謬同異之聞文宜有歸辨來旨謂致本則同似非吾所謂同時殊風異又非吾所謂異也久欲此中微舉條裁幸因雅趣試共極言且略如左遲聞深況

通源曰道也與佛逗極無二寂然不動致本則同感而遂通達迹誠異周之問曰論云致本則同請問何義是其所謂本乎言道家者豈不以二篇為主言佛教者亦應以般若為宗二篇所貴義極虛無般若所觀照窮法性虛無法性其寂雖同住寂之方其旨則

別。論所謂逗極無二者。爲逗極極於虛無。當無二於法性耶。將二塗之外更有異本。儻虛無法性其趣不殊乎。若有異本思告異本之情。如其不殊願聞不殊之說。

通源曰。殊時故不同其風。異世故不一其義。吾見道士與道人戰儒墨。道人與道士獄是非。昔有鴻飛天道。積遠難亮。越人以爲鳧。楚人以爲乙。人自楚越耳。鴻常一鴻乎。夫澄本雖一。吾自俱宗其本。鴻跡既分。吾已翔其所集。周之問曰。論云時殊故不同其風。是佛教之異於道也。世異故不一其義。是道言之乖於佛也。道佛兩殊。非鳧則乙。唯足下所宗之本。一物爲鴻耳。驅馳佛道。無免二乖。未知高鑒。緣何識本。輕而宗之。其有旨乎。若猶取二教。以位其本。恐戰獄方興。未能聽訟也。若雖因二教。同測教源者。則此教之源。每沿教而見矣。自應鹿巾環杖。悠然目擊。儒墨誾誾。從來何諍。苟合源其是。分跡雙非。則二跡之用。宜均去取。奚爲翔集所向。勤務唯佛。專氣抱一。無謹於道乎。言精旨遠。企聞後要。

通源曰。汝可專遵於佛跡。而無侮於道本。周之問曰。足下專遵佛跡。無侮道本。吾則心持釋訓。業愛儒言。

未知足下雅意。佛儒安在。爲當本一末殊。爲本末俱異耶。既欲精探彼我。方相究涉。理類所關。不得無請。

答周顒書　張融

張融白。吾未能忘身。故有情身分外。既化極魂首。復爲子弟留地。不欲使方寸舊都。日夜荒沒。平生所困。橫植而草。所以製是門律。以律其門。非佛與道。門將何律。故告氣緩命。憑魄申陰。數感卜應。通源定本。實欲足下發予奇意。果能翔牘起情。妙見正析。既赴所志。今爲子言。

周之問曰。論云致本則同。請問何義。是其所謂本乎。

答彼周曰。夫性靈之爲性。能知者也。道德之爲道。可知者也。能知而不知所可知。非能知之義。可知而不爲能知所知。非夫可知矣。故知能知必赴於道。可知必知所赴。而下士雷情波照。鼓欲噪神。精明驅動。識用沈藹。所以倒心下灌。照隔於道。至若伯陽專氣致柔。停虛任魄。載營抱壹。居凝通靜。靜唯通也。則照無所沒。魄緒停虛。故融然自道。足下欲使伯陽不靜。寧可而得乎。使靜而不洎道。亦于何而可得。今既靜而兩神。神靜而道二。吾未之前聞也。故逗極所以一爲性。遊簡且韻猖狂。曠不能復行。次戰思定霸宇內。但敷生靈以竦志。庶足下罔象以捫珠。是以則帝屬五而神常一。皇有三而道無二。鳧乙之交。定者鴻乎。吾所以直其繩矣。

周之問曰。言道家者豈不以二篇爲主。言佛教者亦應以般若爲宗。二篇所貴義極虛無。般若所觀照窮法性。虛無法性其寂雖同。住寂之方其旨則別。答彼周曰。法性雖以即色圖空。虛無誠乃有外張義。然環會其所中。足下當加以半思也。至夫遊無蕩思。心塵自拂。思以無蕩。一舉形上。是雖忘有老如鶱釋。然而有忘釋不伐老。當其神地悠悠。精和坐廢。寂然以湛其神遂通以沖其用登其此地吾不見釋家之與老氏陟其此意吾孰識老氏之與釋家逗極之所以無二親情故妙得其一矣直以物感既分應物難合令萬象與視聽交錯視聽與萬象相橫著之既已深卻之必方淺所以苦下之翁且藏即色順其所有不震其情尊其所無漸情其順及物有潛去人時欲無既可西風晝舉而致南精夕夢漢魂中寐不其可乎若卿謂老氏不盡乎無則非期於得意若卿謂盡無而不盡有得意復爽吾所期卿若疑老氏盡有而不亮以致則釋家有盡何以峻迹斯時卿若以釋家時宜

迹峻。其猶老氏時峻此迹。逗極之同。兹焉余意。

周之問曰。論云時殊故不同其風。是佛教之異於道也。世異故不一其義。是道言之乖於佛也。道佛兩殊。非凫則乙。答彼周曰。非凫則乙。迹固然矣。迹固其然。吾不復答。但得其世異時殊。不宜異其所以之異。

周之問曰。未知高鑒緣何識本。答彼周曰。綜識於本。己吐前牘。吾與老釋相識正如此。正復是目擊道斯存。卿欲必曲鞠其辭。吾不知更所以自訟。

周之問曰。若猶取二教以位其本。恐戰獄方興。未能聽訟也。答彼周曰。得意有本。何至取教。

周之問曰。若雖因二教同測教源者。則此教之源每沿教而見矣。答彼周曰。誠哉有是言。吾所以見道來一於佛。但吾之卽此言。別有奇卽耳。

周之問曰。自應鹿巾環杖。悠然目擊。儒墨誾誾。從來何諍。答彼周曰。虞芮二國之鬬田。非文王所知也。碎白玉以泯鬬。其別有尊者乎。況夜戰一鴻。妄巾凫乙。斯自鹿巾之空負頭上。環杖之自誣掌中。吾安得了之哉。

周之問曰。苟合源共是。分迹雙非。則二迹之用。宜均去取。奚爲翔集所向。勤務唯佛。專氣抱一。無謹於道乎。答彼周曰。應感多端。神情數廣。吾不翔翮於四果。卿尚無疑其集佛。吾不翔翮於五通。而於集道復何悔。且寶聖宜本。迹匪情急。矧吾已有所集。方復移其翔者耶。卿得其無二於兩楹。故不峻督其去取。

周之問曰。吾則心持釋訓。業愛儒言。未知足下雅意。佛儒安在。爲當本一末殊。爲本末俱異耶。答彼周曰。吾乃自元混百聖同投一極。而近論通源。儒不在議。足下今極其儒。當欲列儒圍道。故先屬垣耳隙。思潛師夜以遂圖掩天成。恐難升之險。非子所躋。則吾見師之出。不見其入也。吾已謂百聖同所投。何容本末俱其異。更以瀝勢倒兵。忞卿智勇。吾之勇智自縱橫湊出。

重答張長史書　周顒

周顒頓首。夫可以運寄情抱。非理何師。中外聲訓。登塗所奉。而使此中介分然去留無薄。是則怏怏失路。在我奚難。足下善欲言之。吾亦言之。未己也。輒復往研。遲承來析。

通源曰。法性雖以卽色圖空。虛無誠乃有外。張義。所以苦下之翁。且藏卽色。順其所有。不震其情。尊其所無。漸情其順。周之問曰。苦下之藏卽色信矣。斯言也。

更恐有不及於卽色容自託以能藏則能藏者廣或不獨出於厲鄉耳夫有之爲有物知其有無之爲無人識其無老氏之署有題無無出斯域是吾三宗鄙論所謂取捨驅馳未有能越其度者也佛教所以義奪情靈言詭聲律蓋謂卽色非有故擅絶於群家耳此塗未明在老阿績但紛紛横沸皆由著有迮道淪俗茲焉是患既患由有滯而有性未明矯有之家因崇無術有性不明雖則巨蔽然違誰尚靜涉累實微是道家之所以有裨弘教前白所謂黄老實雄者也王何舊說皆云老不及聖若如斯論不得影響於釋

宗矣。吾之位老。不至乃然。夫大士應世。其體無方。或爲儒林之宗。或爲國師道士。斯經敎之成說也。乃至宰官長者。咸託身相。何爲老生。獨非一跡。但未知涉觀淺深。品位高下耳。此皆大明未啟。權接一方。日月出矣。爝火宜廢。無餘既說。衆權自寢。足下猶欲抗遺燎於日月之下。明此火與日月通源。既情崇於日月。又無侮於火本。未知此火本者。將爲名乎。將或實哉。名而已耶。道本安在。若言欲實之。日月爲實矣。斯則事盡於一佛。不知其道也。通源之旨。源與誰通。

通源曰。當其神地悠悠。精和坐廢。登其此地。吾不見釋家之與老氏。陟其此意吾孰識老氏之與釋家。又曰。今既靜而兩神。神靜而道二。吾未之前聞也。又曰。伯陽專氣致柔。停虛任魄。魄緒停虛。故融然自道也。又曰。心塵自拂。一舉形上。周之問曰。足下法性雖以即色圖空。虛無誠乃有外。張義。竊謂老釋重出。對分區野。其所境域。無過斯言。然則老氏之神地悠悠自悠悠於有外。釋家之精和坐廢。每坐廢於色空。登老氏之地。則老異於釋。涉釋氏之意。則釋氏殊於老。神既靜而不兩。靜既兩而道二。足下未之前聞。吾則前聞之矣。苟然。則魄緒停虛。是自虛其所謂虛。融然自道亦非吾所謂道。若夫心塵自拂。一舉形上。皆或未涉於大方。不敢以通源相和也。

通源曰。足下欲使伯陽不靜寧可而得乎。使靜而不泊道亦于何而不得。周之問曰。甚如來言。吾亦慮其未極也。此所謂得在於神靜。失在於物虛。若謂靜於其靜非曰窮靜。魄於其魄。不云盡魄。吾所許也。無所間然。

通源曰。若卿謂老氏不盡乎無。則非相期於得意。若卿謂盡無而不盡有。得意復爽。吾所期。周之問曰。盡有盡無。非極莫備。知無知有。吾許其道家。唯非有非無之一地道言不及耳。非有非無。三宗所蘊。儻贍餘慮。唯足下其眄之。念不使得意之相爽。移失於有歸耳。

通源曰。非覓則乙。跡固然矣。跡固其然。吾不復答。又曰。吾與老釋相識正如此。正復是目擊道斯存。又曰。得意有本。何至取教。又曰。誠哉有是言。吾所以見道來一於佛。周之問曰。足下之所目擊道存。得意有本。想法性之眞義。是其此地乎。佛教有之。足下所取非所以。何至取教也。目擊之本。即在教跡。謂之覓乙。則其鴻安漸哉。諸法眞性。老無其旨。目擊高情。無存老跡。旨跡兩亡。索宗無所。論所謂無侮於道本。當無侮於何地哉。若謂採道家之跡。見其來一於佛者。則是眞諦實義沿文可見矣。將沿於道章而得之乎。爲沿於德篇而遇之也。若兩無所沿。而玄德於方寸者。此自足下懷抱與老釋而爲三耳。或可獨樹一家。非老情之所敢逮也。

通源曰。虞芮二國之鬭田。非文王所知也。斯自鹿巾之空負頭上。環杖之自誣掌中。吾安能了之哉。周之問曰。足下謂苦下之且藏卽色。則虛空有闕矣。足下謂法性以卽色圖空。則法性爲備矣。今有人於此。操環杖而言法性。鹿巾之士。執虛無而來詣曰。爾不同我。吾與爾闕足下從容倚棘聽斷於其間曰。皆不可也。謂其鹿巾空負於頭上。環杖自誣於掌中。以足下之精明特達。而判訟若斯。良虞芮之所以於邑也。

通源曰。吾不翔翮於四果。卿尚無疑其集佛。吾翮不翔於五通。而於集道復何悔。周之問曰。足下不翔翮於四果。猶勤集於佛教。翮不翔於五通。何獨棄於道跡乎。理例不通。方爲彼訴。

通源曰。當欲列儒圍道。故先屬垣隙。周之問曰。足下通源。唯道源。不及儒。吾因疑其闕。是以相訪。但未知融然自道唯道能融。將道之融然循儒可會耶。雖非義本。縱言宜及。想釋本多暇。幸惠餘音。

余尋周張難問。雖往復積卷。然兩家立意理在初番。故略其後文。旨存義本。

與顧道士書 折夷夏論　　謝鎮之

謝鎮之白。敬覽夷夏之論。辯擢一源。詳據二典。淸辭斐暐。官商有體。玄致亹亹。其可味乎。吾不涯管昧。竭闚幽宗。苦思探賾。無階豪檜。但鏡復逾三。未消鄙惑。聊述所疑。庶聞後釋。論始云。佛是老子。老子是佛。又以仙化比泥洹。長生等無死。爰引世訓。以符玄教。纂其辭例盍似均也。未譏翦華廢祀。亦猶蟲諠鳥聒。非所宜效。請試論之。案周孔以儒墨爲典。老莊以棄教明筌。此皆開漸遊方。未猶洪拓也。且蟲鳥殊類。化道本隔。夫欲言之。宜先究其由。故人參二儀。是謂三才。三才所統。豈分夷夏。則知人必人類。獸必獸羣。近而徵之。七珍人之所愛。故華夷同貴。恭敬人之所厚。故九服攸敦。是以關雎之風。行乎四國。況大化所陶。而不洽三千哉。若據經而言。蓋聞佛之興世也。古昔一法。萬界同軌。釋迦文初修菩薩時。廣化羣生。於戒佛而有其土。預霑慈澤。皆來生我國。我閻浮提也。但久迷生死。隨染俗流。蹔失正路。未悟前覺耳。以聖人俯三達之智。各觀其根。知區品不同。故說三乘而接之。原夫眞道唯一。法亦不二。今權說有三。殊引而同歸。故遊會說法。悟者如沙塵。拯沈濟惑。無出此法。是以當來過去無邊世界共斯一揆。則知九十有五。非其流也明矣。彼乃始言其同。而末言其異。故知始之所同者非同。末之所異者非異。將非謬擊瓦釜濫諧黃鍾耶。豈不誣哉。至如全形守祀。戴冕垂紳。披氈繞貝。埋塵焚火。正始之音。婁羅之韻。此俗禮之小異耳。今見在鳥而鳥鳴。在獸而獸呴。允執萬之一音。感異類而殊應。便使夷夏隔化。一何混哉。舟枯車溺。可以譬彼。夫俗禮者。出乎忠信之薄。非道之淳。修淳道者。務在反俗。俗既可反。道則可淳。反俗之難。故宜祛其甚泰。祛其甚泰。必先墮冠削髮。方衣去食。墮冠則無世飾之費。削髮則無笄櫛之煩。方衣則不假工於裁製。去食則絶情想於嗜味。此則爲道者日損。豈夷俗之所制。及其敷文奥籍。三藏四含。此則爲學者日益。豈華風之能造。又云佛經繁顯。道經簡幽。推此而言。是則幽者鑽仰難希。顯則涉求易望。簡必不足以示理。繁則趣會而多津。佛法以有形爲空幻。故忘身以濟衆。道法以吾我爲眞實。故服食以養生。且生而可養。則及日可與千松比霜。朝菌可與萬椿齊雪耶。必不可也。若深體三界爲長夜之宅。有生爲大夢之主。則思覺悟之道。何貴於形骸。假使形之可練。生而不死。此則老宗本異。非佛理所同。何以言之。夫神之寓形。猶於逆旅。苟趣舍有宜。何戀戀於檐宇哉。夫有知之知可形之形。非聖之體。雖復堯孔之生。壽不盈百。大聖泥洹同於知命。是以永劫已來。澄練神明。神明既澄。照絶有無。名超四句。此則正眞終始不易之道也。又刻船者祈心於金質。守株者期情於羽化。故封有而行六度。凝滯而茹靈芝。有封雖乖六度之體爲之或能濟物。凝滯必不羽化。卽事何足兼人。尋二源稍迹。曠局異懷。居然優劣。如斯之流。非可具詰。彼皆自我之近情。非通方之宏識。則知殊俗可以道甄。哀哉。玄聖旣邈。斐然競興。可謂指蟲迹爲蒼文。餌螌乳爲醍醐。良可哀也。佛道汪洋。智量不可以言窮。應迹難以形測。其辯有也。則萬相森陳。若干峙並立。其析無也。則泰山空盡。與秋毫俱散。運十力以摧魔。弘四等以濟俗。抗般若之法炬。何幽而不燭。潛三昧之法威。何遠而不伏。寧疑夷夏不效哉。

重與顧道士書并頌　謝鎮之

謝鎮之白。猥辱反釋。究詳淵況。旣和光道佛。而涇渭釋李。觸類長之。爰至棊奕。敷佛彌過。精旨踰昧。夫飾櫝貿珍。曜夜不售。所謂馳走滅跡。跳動息影。焉可免乎。循雅論所據。正以蟲鳥異類。夷夏舛俗。余以三才均統。人理是一。俗訓小殊。法教大同。足下答云。存乎周易。非胡書所擬。便謂素旗已舉。不復伸檢。玄旌爲素麾。異乎曹子之觀旗。輒復略諸近要。以標大歸。然髻珠雖隱。暮四易顯。聊以寄謔。儻不貽忤。夫太極剖判。兩儀妄搆。五陰合興。形識謬彰。識以流染因結。形以愛滯緣生。羲皇之前。民多專愚。專愚則巢居穴處。飲血茹毛。君臣父子自相視胡越。猶若禽獸。又比蒙童。道教所不入。仁義所未移。及其沈慾淪波。觸崖思濟。思濟則祈善。祈善則聖應。夫聖者何耶。感物而遂通者也。夫通不自通。感不自感。感恆在此。通每自彼。自彼而言。懸鏡高堂。自此而言。萬象斯歸。故知天竺者。居娑婆之正域。處淳善之嘉會。故能感通於至聖。土中於三千。聖應既彼。聲被則此。覩日月之明。何假離朱之察。聞雷霆之音。奚事子野之聽。故卑高殊物。不嫌同道。左右兩儀。無害天均。無害天均。則雲行法敎不嫌同道則雨施夷夏夫道者一也形者二也道者眞也形者俗也眞旣猶一俗亦猶二盡二得一宜一其法滅俗歸眞必反其俗是以如來制軌玄劫同風假令孔老是佛則爲韜光潛導匡救偏心立仁樹義將順近情是以全形守祀恩接六親攝生養性自我外物乃爲盡美不爲盡善蓋是有涯之制未鞭其後也何得擬道菩提比聖牟尼佛敎敷明要而能博要而能博則精疏兩汲精疏兩汲則剛柔一致是以清津幽暢誠規易準夫以規爲圓者易以手爲圓者難將不捨其所難從其所易耶道家經籍簡陋多生

穿鑿至如靈寶妙眞採撮法華制用尤拙及如上清黃庭所尙服食咀石餐霞非徒法不可效道亦難同其中可長唯在五千之道全無爲用全無爲用未能遣有遣有爲懷靈芝何養佛家三乘所引九流均接九流均接則動靜斯得禪通之理是三中之一耳非其極也禪經微妙境相精深以此締眞尙不能至今云道在無爲得一而已無爲得一是則玄契千載玄契千載不俟高唱夫明宗引會導達風流者若當廢學精思不亦怠哉豈道敎之筌（一作全）耶敬尋所辨非徒止不解佛亦不解道也反亂一首聊酬啟齒

頌曰。運往兮韜明。玄聖兮幽翳。長夜兮悠悠。眾星兮晢晢。太暉灼兮昇曜。列宿奄兮消蔽。夫輪捔兮殊材。歸轍繩兮一制。苟專迷兮不悟。增上驚兮遠逝。卞和慟兮荆側。豈偏尤兮楚厲。良謬蔑兮般若。焉相責兮智慧。

弘明集卷第六

音釋

薰香草也　蕕音猶臭草　婉孌音宛戀美好貌又順從也　騂思營切音騂騂赤色剛牡也又弓調和貌　貲音資貨也小罰以財自贖　皦吉了切音皎珠玉白貌　壤音穰柔土也又物自生則言土人耕種則言壤　徇一音濬疾也音旬　儁與俊同勝也異也又卓特也　勀

音灑考劾剡以冉切音䐈與遠眄莫見切音麪聒
其實也琰利也同目偏合也
音括讙語拓音隻拾也呴音訏嘘吹之鉼堅奚切
也聲擾也又猶折也也又與吼同音雞簪
也係也所以係櫛梳枇之妉音耽
冠使不墜也總名也樂也